Eugen Șerban

SFÂNTUL MUNTE

ATHOS

ISTORIE ŞI TRADIŢIE

2024 @ LUX MUNDI
București

Descrierea CIP a Bibliotecii Naţionale a României

ŞERBAN, EUGEN

    Sfântul Munte Athos : istorie şi tradiţie / Eugen Şerban. - Bucureşti : Lux Mundi, 2024

    Conţine bibliografie

    ISBN 978-606-95666-6-4

    2

Realizare grafică: Oana Savu

Imaginile existente în această carte sunt încadrate în două categorii distincte:

- Transformarea în format schiţă a unor fotografii reale
- Desenarea în format digital a unor schiţe ce au la bază un text reprezentativ

Această carte a fost realizata cu sprijinul Domnului Tudor Cătălin Bănică, prin susţinerea activităţilor de documentare şi editare.

editura@luxmundi.ro

PREFAȚĂ

În pragul acestei cărți stau cuvintele așternute ca niște pietre de temelie ale unei construcții dedicată explorării fascinantului univers al Sfântului Munte Athos pentru cei care vor merge în pelerinaj în aceste locuri sfinte.

Cartea pe care o ai în mâini este mai mult decât un simplu ansamblu de pagini. Este un univers în sine, un tărâm în care cuvintele crează o mică dezvăluire asupra adevărului unei lumi mai puțin cunoscută în profunzime și care te invită pe tine, cititorule, să te alături unei călătorii de reflecție și de descoperire.

Scrierea acestei cărți a fost pentru mine o călătorie în sine, o călătorie a descoperirii și a înțelegerii, un dialog continuu între informațiile pe care le-am primit în multiplele pelerinaje la care am participat. La acestea s-au adăugat și căutările personale pentru a înțelege mai bine ceea ce mi s-a transmis în toate ocaziile în care am fost în Sfântul Munte.

Fiecare capitol, fiecare paragraf și fiecare frază au fost scrise cu gândul la tine, cititorule, în speranța că vei găsi în aceste pagini informațiile necesare pentru a înțelege

mai bine tot ceea ce ţine de istoria, administrarea şi funcţionalitatea sistemului monastic din Sfântul Munte Athos.

Este o carte care a înflorit dintr-o nevoie profundă de a găsi şi explora teme care ne ating pe toţi cei care mergem ca închinători în pelerinaje pe Sfântul Munte.

De multe ori ne îndepărtăm de sensul real al pelerinajului,

nu ne putem elibera de gânduri pentru a ne conecta cu vibraţia sfântă a acestor locuri pline de adevărată curăţenie sufletească.

Suntem oameni şi trăim într-o lume foarte dinamică.

Oricât ne-am dori să ne eliberăm de curiozităţile lumeşti în cele câteva zile de pelerinaj, cu siguranţă nu putem şi curiozitatea sau dorinţa de cunoaştere ne fac să căutam răspunsuri „tehnice" şi pragmatice în loc să ne bucurăm total de sfinţenia acestor locuri.

Tocmai de aceea, pentru că e bine să învăţăm din greşeli, am încercat să aştern în paginile acestei cărţi informaţiile minime care să te ajute şi pe tine, cititorule, să afli de aici o mare parte dintre datele pe care sigur vrei să le accesezi când mergi în pelerinaj în Sfântul Munte.

Informaţia este aici pentru a fi accesată, iar când te afli în Sfântul Munte bucură-te de ceea ce este acolo şi lasă-ţi mintea liberă, departe de dorinţa de a afla detalii istorice şi tehnice.

Această carte este o invitaţie la introspecţie şi la descoperire spirituală. Munca de a transpune în cuvinte experienţele trăite şi informaţiile adunate a fost animată de dorinţa de a oferi o perspectivă mai largă asupra vieţii monahale, a istoriei şi a semnificaţiei Sfântului Munte.

Vei descoperi poveşti ale credinţei, tradiţii ancestrale şi reflecţii asupra modului în care spiritualitatea athonită se intersectează cu lumea contemporană.

În acest spațiu literar, trecutul se întâlnește cu prezentul, iar povestea Sfântului Munte devine o parte din propria ta poveste.

Te invit, așadar, cititorule, să deschizi această carte nu doar cu mintea, ci și cu inima, să călătorești prin paginile ei nu ca printre niște simple informații, ci ca printr-un peisaj plin de culori, emoții și întrebări.

Sper să găsești, printre rânduri, nu doar cuvinte, ci și spații pentru reflecție și autodescoperire.

Această carte este acum în mâinile tale, iar povestea ei va continua cu fiecare cititor care o va deschide și o va citi.

Îți mulțumesc pentru că ai ales să te alături acestei călătorii literare și spirituale. Îmi doresc ca această carte să te inspire, să te provoace la gândire și să-ți deschidă noi orizonturi în căutarea sensului și a profunzimii spirituale.

În timp ce îți vei continua propriul drum prin viață, sper ca aceste pagini să devină un companion de nădejde și o sursă de lumină pe calea ta.

Cu profunda mea recunoștință și cu speranța că vei găsi în această carte un ecou al propriei tale căutări.

Autorul

INFORMAȚII GENERALE

Athosul este recunoscut la nivel mondial ca fiind singura republică monahală ortodoxă.

Muntele Athos, cunoscut și sub denumirea de Athos sau în greaca modernă ca Άγιον Όρος (**Sfântul Munte**), este un masiv montan cu înălțimea de 2.033 metri, situat pe o peninsulă în nord-estul Greciei, parte a regiunii Macedonia Centrală.

Peninsula are o lungime de aproximativ 60 km și o lățime variabilă între 8 și 12 km, ocupând o suprafață totală de 360 km pătrați.

Muntele Athos se află pe cel mai estic capăt al peninsulei Halkidiki, în partea nord-estică a Macedoniei grecești.

Lanțul muntos care străbate promontoriul definește topografia acestuia, întinzându-se pe întreaga lungime a peninsulei.

La nord, partea mai joasă a promontoriului este acoperită de păduri dese, în timp ce partea sudică, dominată de un masiv de marmură, atinge altitudinea maximă de 2.033 metri, mărginită de apele Mării Egee.

Mările din jurul capătului peninsulei sunt cunoscute pentru condițiile lor uneori dificile.

Deși este legat de continent, Muntele Athos este, în esență, accesibil doar pe calea apei, cu feribotul.

Pelerinii și vizitatorii pornesc, de obicei, din portul Ouranopolis, situat în apropierea impunătorului Turn Bizantin, pentru a ajunge pe coasta vestică a peninsulei.

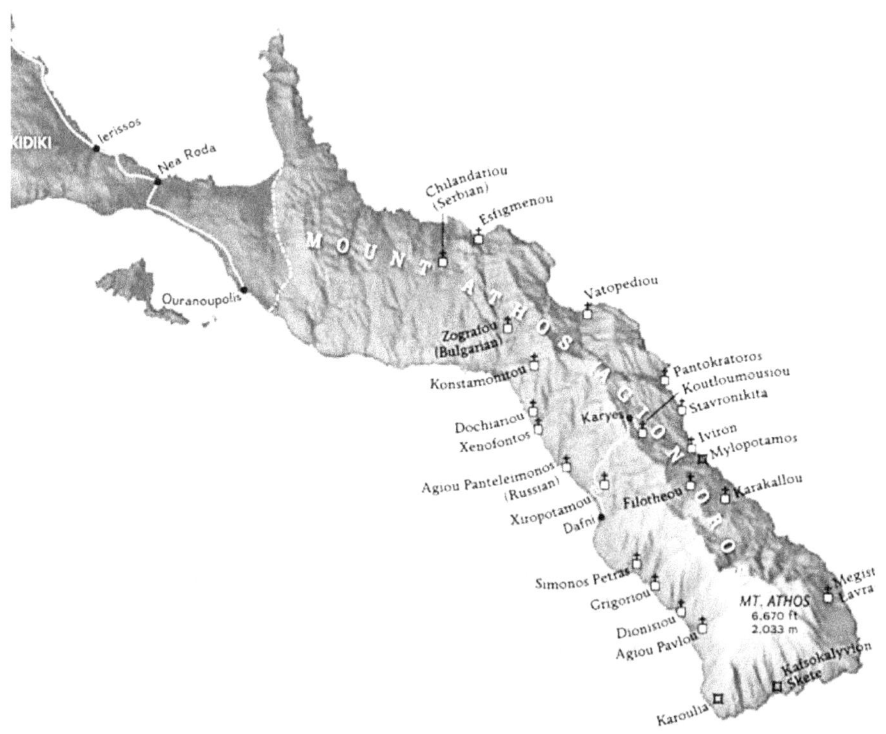

Alternativ, pentru a accesa latura estică a Muntelui Athos, plecarea se face din Ierrisos.

Frontierele Republicii Monahale a Muntelui Athos sunt stabilite printr-o demarcație imaginară ce pornește de la punctul cunoscut sub numele de „Fragocastro", aflat pe coasta vestică a peninsulei. Această linie se întinde până la capul „Arapis", situat pe latura opusă a peninsulei, pe

coasta estică.

Deşi simbolică, această delimitare încapsulează un spaţiu sacru, unde tradiţia monahală şi spiritualitatea ortodoxă sunt păstrate cu sfinţenie.

În acest teritoriu, izolat de lumea exterioară şi dedicat exclusiv vieţii monahale, timpul şi spaţiul sunt percepute diferit, reflectând profundele valori religioase şi tradiţiile străvechi care îi ghidează pe călugării care trăiesc aici.

Acest tărâm sacru devine un loc de retragere şi meditaţie, un sanctuar al păcii şi contemplării pentru cei care caută liniştea spirituală departe de tumultul lumii moderne.

LEGISLAŢIE

Numărul de vizitatori zilnici la Muntele Athos este strict reglementat, fiind permisă intrarea a maximum 100 de pelerini ortodocşi şi a 10 pelerini bărbaţi neortodocşi.

Pentru a accesa acest sanctuar al Ortodoxiei, toţi pelerinii trebuie să obţină un permis special, cunoscut sub numele de **diamonitirion** (διαμονητήριον), emis de *Biroul Pelerini* de la Muntele Athos.

Pentru a intra în posesia acestui permis, pelerinii trebuie să se adreseze *Biroului Pelerini* din Salonic, unde permisul este eliberat. După obţinerea acestuia, pelerinii trebuie să-l prezinte la Ouranopolis sau Ierissos, punctele de îmbarcare pentru feribotul care îi va duce pe Muntele Athos.

Această reglementare asigură nu doar controlul asupra numărului de vizitatori, ci şi păstrarea caracterului sacru şi liniştit al Muntelui Athos, permiţând comunităţii monahale să-şi păstreze stilul de viaţă contemplativ şi dedicat rugăciunii, fără perturbări externe semnificative.

Măsurile şi reglementările stricte reflectă efortul de a echilibra deschiderea către pelerini şi turismul religios cu

IЄРΔ ЄПICTΑCIΔ
ΑΓΙΟΥ ΟΡΟΥC
ΔΘШ

KΔΡΥΔI. THι ....
ΛHΓЄI THι ....

ΔΙΔΜΟΝΗΤΗΡΙΟΝ

ПΡОC

TΔC ЄIKOCIN IЄРΔC KΔI CЄΒΔCΜΙΔC ΜΟΝΔC
ΤΟΥ ΑΓΙΟΥ ΟΡΟΥC
ΔΘШ

Ὁ κομιστὴς τοῦ παρόντος ἱεροκοινοσφραγίστου καὶ ἐνυπογράφου γράμματος ἡμῶν

κύριος ....

τοῦ .... θρήσκευμα: ....

ἰδιότης: ....

ἀρ. Δ.Α.Τ.: .... ἀρ. Διαβ.: ....

πόλις ἤ χώρα: .... μὲ ἄδειαν παραμονῆς τεσσάρων (4) ἡμερῶν,

ἀφίκετο πρὸς ἐπίσκεψιν τῶν ἱερῶν σκηνωμάτων καὶ προσκύνησιν τῶν ἐν αὐτοῖς ἀποκειμένων

ἱερῶν καὶ ὁσίων τῆς Πίστεως ἡμῶν.

Παρακαλεῖσθε ὅθεν, ὅπως παράσχητε αὐτῷ, πρὸς τῇ φιλόφρονι ὑποδοχῇ καὶ πᾶσαν

ἅμα δυνατὴν φιλοξενίαν καὶ περιποίησιν πρὸς ἐκπλήρωσιν τοῦ δι' ὃν ἔρχεται αὐτόσε σκοποῦ.

Ἐφ' ᾧ διατελοῦμεν λίαν φιλαδέλφως ἐν Χριστῷ ἀδελφοὶ

OI ЄПICTΑTΑI THC IЄРΔC KOINOTHTOC ΤΟΥ ΑΓΙΟΥ ΟΡΟΥC ΔΘШ

O IΒΗΡШΝ   ПΡШTЄПICTΑTHC

O ПΑΝΤΟΚΡΑΤΟΡΟC   ЄПICTΑTHC

O ΦIΛΟΘЄΟΥ   ЄПICTΑTHC

O CIΜШΝΟC ПЄΤΡΔC ЄПICTΑTHC

nevoia de liniște și izolare spirituală, esențiale pentru viața monahală de pe Athos.

Permisul de acces pe Muntele Athos (*diamonitirion*) are o validitate standard de trei zile. Cu toate acestea, există posibilitatea prelungirii valabilității, fie la cererea unei mănăstiri, fie printr-o solicitare depusă la Kareya, centrul administrativ al Athosului.

Această flexibilitate în ceea ce privește durata vizitei permite pelerinilor să se adapteze la programul monahal și să-și îndeplinească scopurile spirituale în timpul șederii lor.

Membrii clerului ortodox sunt obligați să obțină un permis special de intrare, eliberat de Patriarhia Constantinopolului, ceea ce subliniază legătura strânsă între Muntele Athos și ierarhia bisericească ortodoxă.

O particularitate a Athosului este că doar bărbații au permisiunea de a vizita acest teritoriu sacru, cunoscut sub numele de „**Grădina Fecioarei Maria**" (în greacă Περιβόλι της Παναγιάς). Regula reflectă tradițiile monahale stricte și dorința de a păstra un mediu de rugăciune și contemplație neîntrerupt de prezența feminină.

De asemenea, locuitorii peninsulei trebuie să fie bărbați, cu vârsta de peste 18 ani, membri ai Bisericii Ortodoxe Răsăritene, și să fie călugări sau muncitori. Această cerință garantează că toți cei care locuiesc pe Athos sunt angajați pe deplin în viața spirituală și monahală, contribuind la menținerea atmosferei de sfințenie și dedicare religioasă care caracterizează acest loc unic.

În perioada pandemiei de COVID-19, vizitele în Sfântul Munte Athos au fost suspendate între 19 martie 2020 și 11 mai 2021.

COMUNITATEA MONAHALĂ

Muntele Athos găzduiește o comunitate monahală distinctă, formată din călugări ortodocși răsăriteni, predominant din Grecia.

Această comunitate unică se bucură de un statut special ca regiune autonomă, combinând prerogativele unei administrații descentralizate cu cele ale unei regiuni geografice și ale unei entități municipale.

Teritoriul său acoperă cea mai îndepărtată și izolată parte a peninsulei Athos, inclusiv însuși Muntele Athos, în timp ce zonele adiacente ale peninsulei fac parte din comunitatea mai largă a Macedoniei Centrale.

Autonomia permite comunității monahale să-și gestioneze propriile afaceri, respectându-și tradițiile și practicile religioase fără interferențe externe.

Cu o structură administrativă care îmbină elemente de auto-guvernare locală și o anumită independență față de structurile guvernamentale centrale, Athosul funcționează aproape ca un stat în stat, păstrându-și tradițiile monahale străvechi într-un cadru modern.

Acest statut special al Athosului subliniază importanța sa în lumea ortodoxă și respectul acordat de statul grec pentru acest centru spiritual și cultural deosebit.

În limba greacă modernă, comunitatea monahală este cunoscută sub numele de **Agio Oros** (Άγιο Όρος), ceea ce înseamnă „Sfântul Munte". Termenul **Oros Athos** (greacă Όρος Άθως) este utilizat pentru a se referi la muntele în sine, în timp ce **Hersonissos tou Atho** (Χερσόνησος τοῦ Ἄθω) denumeşte peninsula în ansamblul ei.

Comunitatea Sfântului Munte include 20 de mănăstiri şi aşezările dependente de acestea.

În mănăstiri locuiesc aproximativ 2.000 de călugări ortodocşi, originari din Grecia şi din alte ţări, inclusiv din state ortodoxe est-europene precum România, Moldova, Georgia, Bulgaria, Muntenegru, Serbia şi Rusia.

Călugării trăiesc o viaţă de ascetism pe Sfântul Munte, departe de tumultul lumii exterioare.

Mănăstirile de pe Agio Oros sunt cunoscute pentru colecţiile lor impresionante de relicve istorice bine păstrate, moaşte sacre, cărţi de mare raritate, documente vechi şi opere de artă de mare valoare istorică.

Din 1988, Muntele Athos este recunoscut ca parte a Patrimoniului Mondial UNESCO.

Deşi geografic şi juridic Muntele Athos face parte din Uniunea Europeană, fiind o regiune a Greciei, acesta se bucură de un statut special şi o jurisdicţie unică.

Statutul excepţional a fost reconfirmat şi respectat atunci când Grecia a aderat la Comunitatea Economică Europeană, predecesoarea Uniunii Europene.

Această recunoaştere oficială permite comunităţii monahale din Sfântul Munte să-şi exercite o autonomie considerabilă, în special în ceea ce privește restricționarea liberei circulații a persoanelor și bunurilor pe teritoriul său.

O caracteristică distinctă este interdicția de acces pentru femei și majoritatea animalelor feminine, o regulă menținută de tradiția religioasă a comunității monahale.

Acesta este un exemplu rar de aplicare a unor norme și tradiții religioase specifice în cadrul unui stat membru

al Uniunii Europene. Excepția reflectă înțelegere și respect reciproc între autoritățile europene și comunitatea monahală, recunoscând valoarea unică și importanța spirituală a Muntelui Athos în cadrul patrimoniului cultural și religios european.

Prin urmare, Sfântul Munte Athos nu este doar un exemplu de coexistență între tradiție și modernitate, ci și un simbol al modului în care valorile și practicile culturale și religioase specifice pot fi păstrate și respectate într-un context european mai larg.

Această autonomie specială a Athosului subliniază unicitatea sa în peisajul cultural și spiritual european.

În ceea ce privește administrarea civilă, Muntele Athos este reprezentat de un administrator civil, numit de Ministerul Afacerilor Externe al Greciei. Acesta este responsabil pentru supravegherea funcționării instituțiilor și menținerea ordinii publice în regiune.

În fiecare dintre cele 20 de mănăstiri din Sfântul Munte, conducerea este asigurată de un *arhimandrit*, ales pe viață de comunitatea de călugări.

Adunarea Stareților (Γεροντία) funcționează ca organism legislativ al comunității.

Alte așezări precum schiturile, chiliile, colibele, refugiile și ermitajele sunt subordonate uneia dintre cele 20 de mănăstiri și sunt acordate călugărilor printr-un act oficial

cunoscut sub numele de **omologon** (ομόλογον).

Mănăstirile din Athos au fost adesea implicate în istoria ecumenismului și a încercărilor de reconciliere între Biserică Ortodoxă din Constantinopol și Biserica Catolică.

Aceste eforturi reflectă o căutare continuă a unității creștine, deși nu întotdeauna au fost întâmpinate cu același entuziasm de toți membrii comunității monahale.

Un exemplu notabil în acest sens este Mănăstirea Esfigmenu, cunoscută pentru poziția sa fermă împotriva ecumenismului.

În 1972, în semn de protest față de întâlnirea dintre Patriarhul Athenagoras I al Constantinopolului și Papa Paul al VI-lea, călugării din Esfigmenu au arborat steaguri negre, simbolizând dezacordul lor cu mișcările ecumenice. Această poziție a mănăstirii a rămas constantă de-a lungul timpului.

Tensiunile au escaladat în 2002, când Patriarhul Bartolomeu I al Constantinopolului a declarat frăția călugărilor de la Esfigmenu ca fiind ilegală și a ordonat evacuarea lor.

Călugării au refuzat să se supună acestei decizii, ceea ce a dus la o situație de impas între mănăstire și Patriarhia Ecumenică.

În urma refuzului lor de a părăsi mănăstirea, Patriarhul a decis să înființeze o nouă frăție care să-i înlocuiască pe cei existenți.

Aceste evenimente subliniază complexitatea relațiilor dintre diferitele ramuri ale creștinismului și dificultățile întâmpinate în cadrul dialogului ecumenic.

De asemenea, ele reflectă tensiunile interne din cadrul Ortodoxiei, între cei care susțin ecumenismul și cei care se opun acestuia.

Această situație de la Mănăstirea Esfigmenu ilustrează provocările de a echilibra tradiția cu deschiderea spre dialog și unitatea creștină într-un context monahal conservator.

Mănăstirile din Sfântul Munte s-au opus ecumenismului între Biserică Ortodoxă din Constantinopol și Bisericile vechi orientale.

În 1971, mănăstirile din Athos se confruntau cu un număr redus de călugări, majoritatea vârstnici, numărând doar 1.145 de persoane.

Însă, în deceniile următoare, acestea au experimentat o revitalizare notabilă. Până în 2009, populația monahală crescuse la aproximativ 2.000 de membri, înregistrând un aflux de călugări mai tineri și bine educați.

Acești călugări, mulți dintre ei cu studii universitare și competențe specializate, s-au implicat activ în proiecte de catalogare și restaurare a unei colecții vaste de manuscrise, veșminte, icoane, obiecte liturgice și alte lucrări de artă athonite.

O mare parte din aceste tezaure rămân încă necunoscute publicului larg, datorită volumului lor imens și lipsei de experți în domeniu.

Se preconizează că finalizarea lucrărilor de restaurare și arhivare, sprijinite financiar de către UNESCO și de Uniunea Europeană și susținute de numeroase instituții academice, va dura câteva decenii.

Un vizitator sau pelerin găzduit într-o mănăstire are oportunitatea de a experimenta viața monahală, urmând rutina zilnică care include activități precum rugăciunea (fie în cadrul slujbelor din biserică, fie individual), participarea la mesele comune, îndeplinirea sarcinilor de lucru specifice fiecărui călugăr și perioade de odihnă.

În timpul sărbătorilor religioase, programul zilnic se

schimbă substanțial, incluzând adesea privegheri extinse.

Porțile mănăstirii sunt închise la apus și se redeschid la răsărit.

O chilie, o mică unitate de locuit aflată în subordinea mănăstirii, adăpostește de obicei între unul și trei călugări și este sub administrarea directă a mănăstirii. Fiecare chilie posedă de obicei un teren alocat pentru agricultură sau alte scopuri și are responsabilitatea de a genera venituri prin diverse activități pentru a-și asigura existența.

Există grupări de chilii aflate în proximitate una de alta, formând mici comunități care datează din perioadă inițială a vieții monahale.

Aceste comunități sunt adesea denumite „**W**" (σκήτη), termen ce se traduce prin „așezământ monahal", sau „**lavra**" (λαύρα), care înseamnă „adunare monahală".

Termenul „skit" are rădăcini în limba coptă și, în forma sa originală, desemna un loc din deșertul egiptean, cunoscut astăzi sub numele de Scetis.

MUNTELE PANORTODOX

Această exprimare are la bază una dintre cele mai frumoase şi interesante cărţi care s-a scris despre Athos: *„Muntele Athos. Reînnoire în Paradis"*.

Autorul, **Graham Speake**, este absolvent al „Literae Humaniores" la Oxford şi Cambridge, este membru al Societăţii Colecţionarilor de antichităţi şi a publicat lucrări academice timp de 40 de ani.

Este fondatorul şi Secretarul onorific al Asociaţiei „Prietenii Muntelui Athos" şi un vizitator frecvent al Sfântului Munte.

Lucrarea sa **„Muntele Athos. Reînnoire în Paradis"**, este *„o lucrare minuţioasă şi precisă, o încântare s-o citeşti şi s-o răsfoieşti, întru totul vrednică de aprecierea cu care a fost primită"* (Journal of Hellenic Studies).

Graham Speake subliniază faptul că, deşi Muntele Athos este situat în Grecia, *„nu este grecesc, este Ortodox; mai mult decât atât, este panortodox"*.

„Pe parcursul istoriei sale, Athosul a fost un centru supranaţional şi nu odată grecii au constituit o populaţie

Graham Speake observă, de asemenea, că arhivele mănăstirilor din Sfântul Munte conțin o multitudine de documente care documentează istoria monahismului

athonit încă din secolul al IX-lea, incluzând materiale relevante în contexte politice, economice, juridice, sociale și culturale, evidențiind astfel că Athosul *„contează pentru oameni diferiți, pentru rațiuni diferite"*.

Autorul exprimă interesul său în detalierea revigorării recente a Athosului, contrazicând astfel așteptările multora privind un declin inevitabil al vieții monahale din Sfântul Munte.

Graham Speake își exprimă entuziasmul pentru accesul la vasta colecție de informații și documente păstrate în arhivele mănăstirilor, permițându-i astfel să reconstruiască istoria Sfântului Munte, de la originile sale până în prezent:

„deși s-au scris multe despre diferite aspecte ale Sfântului Munte, puțini autori au încercat, după cunoștința mea, o istorie completă din cele mai vechi timpuri până în prezent. Sarcina a devenit mai laborioasă și răsplătitoare, dar și mai necesară odată cu publicarea încă în desfășurare a arhivelor mănăstirilor. Aceste arhive reprezintă o sursă de valoare unică și include nenumărate cărți hrisoave și alte documente acoperind întreaga perioadă a monahismului athonit începând cu secolul IX".

Graham Speake evidențiază în introducerea cărții sale **„Muntele Athos. Reînnoire în Paradis"** că importanța principală a Athosului rezidă în tradiția sa spirituală, deoarece *„[...] timp de mai mult de o mie de ani Athosul a funcționat ca principalul centru al monahismului și* *spiritualității ortodoxe.*

La un moment dat se spune că a adăpostit 40.000 de monahi.

Numai Marea Lavră a dat 26 de patriarhi și mai mult de 144 de episcopi.

Mănăstirea Vatopedu a oferit nu mai mult de 44 de sfinți recunoscuți.

În secolul XX s-a înregistrat o scădere a numărului de monahi, însă tradițiile duhovnicești s-au păstrat, sfinții continuând să apară."

În mod evident se poate constata că Athosul este important și pentru motive istorice: *„Din clipa inaugurării de către împăratul Constantin cel Mare în 330, imperiul Bizantin a fost o instituție unicat, centrată pe Dumnezeu.*

Oricât de reduse i-ar fi devenit împrejurimile, împăratul a rămas un vicar al lui Dumnezeu pe pământ, suveran peste toți ceilalți domnitori creștini, uns de Dumnezeu, recunoscut de toți, popor, episcopi și patriarhi creștini.

[...] Patriarhul și ceilalți membrii ai ierarhiei se bucurau de enorm prestigiu și mare bogăție; însă cel mai ciudat este faptul că monahii simpli și sfinții au fost mult mai influenți în societatea bizantină pe ansamblu; iar dacă se ivea vreodată un conflict între monahi și episcopi, cei care se bucurau de sprijinul poporului erau monahii.

Acesta a fost unul din motivele pentru care împărații au fost atât de generoși cu așezămintele monahale și care explică imensa bogăție și putere dobândite de mănăstiri".

De asemenea, Athosul deține o semnificație majoră din punct de vedere cultural, începând cu arhitectura clădirilor sale și elementele pe care acestea le adăpostesc.

„Chiliile și celelalte clădiri monahale răspândite în peninsulă reprezintă în mod covârșitor cea mai bună mărturie pe care o avem despre arhitectura domestică din Grecia în perioada otomană, marcate de un interesant adaos de stiluri rusești, sârbești, bulgare, române și georgiene.

Toate bisericile ortodoxe sunt decorate în încercarea de a face din ele simboluri vrednice ale cerului pe pământ, iar împodobirea bisericilor athonite se potrivește extraordinar cu paradisul pământesc pe care monahii sunt fericiți să-l locuiască.

Câțiva dintre cei mai buni artiști și meșteșugari bizantini au fost angajați la Athos, iar mostrele glorioase ale operei lor pot fi admirate încă în multe mănăstiri.

Pe lângă frescele care colorează zidurile, tavanele și cupolele multor biserici, există neprețuite colecții de icoane, multe din ele socotite având proprietăți făcătoare de minuni.

Pictarea icoanelor este o tradiție practicată încă de

monahi și nu puține sunt schiturile ce găzduiesc o școală de pictură".

Graham Speake subliniază, de asemenea, importanța colecțiilor de manuscrise, atât medievale cât și moderne, care includ texte liturgice, biblice, multe dintre acestea fiind împodobite cu miniaturi deosebite.

„Bibliotecile și vistieriile găzduiesc adeseori obiecte

preţioase cum ar fi coperţi de carte împodobite cu pietre preţioase, vase de argint şi aur, veşminte brodate, icoane de mozaic şi nenumărate daruri din partea binefăcătorilor care împreună însumează celebra bogăţie a edificiilor athonite."

De asemenea, merită subliniată importanţa semnificativă a mediului natural înconjurător.

„Datorită topografiei, geologiei şi climatului variat, peninsula este casa unei flore larg răspândite, incluzând un număr de specii endemice chiar pe vârful ei".

Pentru cei care se întreabă de ce am dedicat un întreg capitol acestei cărţi şi acestui autor, consider ca cel mai bine este să vă prezint un extras din prefaţa scrisă de către autor la prima ediţie a cărţii **„Muntele Athos. Istorie şi înnoire în paradisul monahilor"**:

„Timp de mai mulţi ani am rezistat tentaţiei de a scrie o carte de acest fel, cum de altfel am rezistat tentaţiei de a deveni ortodox.

În cele din urmă m-am văzut nevoit să le fac pe amândouă.

În bună parte am devenit ortodox ca urmare a numeroaselor vizite pe care le-am întreprins la Muntele Athos.

Călătoria spirituală spre Ortodoxie mi-a fost înlesnită iniţial de către părinţii de la mănăstirea Vatopedu, care astăzi sunt fraţii mei. Iar, de la primirea mea, călăuzitor mi-a fost părintele meu spiritual, episcopul Kallistos de Diokleia.

Athosul rămâne unul din cele mai fascinante locuri de pe pământ. Reînnoirea care are loc acum acolo îl face să fie și mai provocator și dinamic".

STATUT ŞI ORGANIZARE

Organul legislativ al Agio Oros este **Sfânta Adunare** (Ιερα Συναξη), formată din 20 de reprezentanți, fiecare provenind dintr-una dintre mănăstiri. Această adunare se convoacă de două ori pe an la Kareya.

Când apar situații speciale, la aceste întâlniri pot participa doi delegați de la fiecare mănăstire.

În acest echivalent al unui *„parlament"* al Sfântului Munte, situat în Kareya, se iau decizii care sunt obligatorii pentru toți membrii.

Întrunirile au loc de două ori pe săptămână și sunt prezidate de un *protos* sau *protoepistatis* („primul în adunare").

Autoritatea administrativă este exercitată de **Sfânta Comunitate** (Ιερα Κοινοτητα) sau Comitetul de Supraveghere al Comunității, care este, de asemenea, format din 20 de membri, fiecare reprezentând o mănăstire. Acești membri sunt aleși la 1 ianuarie pentru un mandat de un an și, pe durata acestuia, rezidă în Kareya.

Puterea executivă este încredințată unui **Comitet**

de Supraveghere (Ιερα Επιστασια), compus din patru membri.

Aceștia sunt aleși la 1 iunie pentru o perioadă de un an, reprezentând cinci mănăstiri: Marea Lavră, Vatopedu, Iviru, Hilandaru și Dionisiu.

Cele 20 de mănăstiri de pe Athos sunt organizate în cinci grupuri, fiecare grup având patru mănăstiri.

Astfel, fiecare mănăstire are ocazia, la fiecare cinci ani, să aibă un reprezentant în Sfânta Comunitate (Ιερα Επιστασια).

Cu toate acestea, poziția pentru cel mai înalt rang onorific (Πρωτοεπιστατης) este întotdeauna ocupată de un reprezentant al mănăstirilor Marea Lavră, Vatopedu, Iviru, Hilandaru și Dionisiu.

Separarea în cinci grupe a câte patru mănăstiri este următoarea:

Grupul A

- Mănăstirea Marea Lavră (1)
- Mănăstirea Dohiariu (10)
- Mănăstirea Xenofont (16)
- Mănăstirea Esfigmenu (18)

Grupul B

- Mănăstirea Vatopedu (2)
- Mănăstirea Cutlumuș (6)
- Mănăstirea Caracalu (11)
- Mănăstirea Stavronikita (15)

Grupul C

- Mănăstirea Iviru (3)
- Mănăstirea Pantocrator (7)
- Mănăstirea Filoteu (12)
- Mănăstirea Simonos Petras (13)

Grupul D

- Mănăstirea Hilandaru (4)
- Mănăstirea Xiropotamu (8)
- Mănăstirea Sfântul Pavel (14)
- Mănăstirea Grigoriu (17)

Grupul E

- Mănăstirea Dionisiu (5)
- Mănăstirea Zografu (9)
- Mănăstirea Sfântul Pantelimon (Russikon) (19)
- Mănăstirea Constamonitu (20)

Organele executive ale Athosului sunt reprezentate de „*Sfânta Pază*" (Iera Epistasia), formată pentru un an din protos și încă trei egumeni proveniți din cele cinci mănăstiri menționate anterior.

Iera Epistasia are, de asemenea, custodia sigiliului Koinotitei, care este împărțit în patru segmente, fiecare egumen deținând o parte din acesta.

Tot în Kareya se află sediul guvernatorului civil al Muntelui Athos, al cărui rol principal este de a asigura menținerea ordinii pe Sfântul Munte. Guvernatorul este un reprezentant al Ministerului de Externe din Atena.

STATUTUL LEGAL AL MUNTELUI ATHOS POTRIVIT CONSTITUŢIEI ELENE

Articolul 105 din Constituția Greciei joacă un rol esențial în definirea statutului Muntelui Athos.

Acesta constituie *Carta* sau *Statutul Muntelui Athos*, care a fost elaborat și aprobat de autoritățile monahale athonite, pentru a fi ulterior ratificat de Patriarhia Ecumenică de la Constantinopol și de către Parlamentul Grec.

Carta funcționează ca o lege cu autoritate formală superioară în raport cu alte legi.

Conform Constituției și Cartei, Muntele Athos beneficiază de un statut privilegiat străvechi, fiind o regiune autonomă în cadrul statului grec, dar cu suveranitatea acestuia rămânând neafectată.

Spiritual, Muntele Athos este sub jurisdicția directă a Patriarhiei Ecumenice, în sensul că Patriarhul Ecumenic este și episcopul sau conducătorul suprem al Muntelui Athos.

Teritoriul peninsular este imun la exproprieri și este împărțit exclusiv între cele douăzeci de mănăstiri.

Puterea administrativă se bazează pe auto-guvernare la

două niveluri.

1. Primul nivel este exercitat de cele douăzeci de mănăstiri „principale" sau „conducătoare".

Numărul mănăstirilor nu poate fi schimbat.

În prezent, toate mănăstirile de pe Muntele Athos sunt cenobitice, adică monahii trăiesc într-o comunitate și nu dețin proprietăți private.

Fiecare mănăstire este condusă de un stareţ, împreună cu Adunarea Bătrânilor şi comunitatea monahală.

2. *Al doilea nivel de administrare este exercitat prin:*

- Sfânta Comunitate (*Chinotita*). Aceasta este formată din douăzeci de călugări, fiecare reprezentând una din marile mănăstiri.

- Organul executiv al Chinotitei, *Sfânta Epistasie,*

formată din patru monahi aduşi în fiecare an din patru mănăstiri prin rotaţie.

Preşedintele Sfintei Epistasii este numit *Protos*.

Atât Chinotita cât şi Epistasia îşi au reşedinţa în Kareya (Karyes), capitala Sfântului Munte.

Puterea legislativă se afla în mâinile:

1. Sfintei Chinotite în măsura în care nu depăşeşte prevederile statutare ale Cartei Muntelui Athos.

2. Adunării bianuale a celor douăzeci de membri.

3. Statului Grec, atât cât permit:

   * drepturile şi responsabilităţile Guvernatorului civil al Muntelui Athos,

   * puterea judiciară a autorităţilor athonite,

   * privilegiile în privinţa impozitelor şi taxelor, garantate de către Stat - Sfântului Munte.

Puterea juridică aparţine:

1. Curţilor monastice (stareţ cu Adunarea Bătrânilor);

2. Sfintei Chinotite;

3. Sfintei Epistasii;

4. Patriarhiei Ecumenice.

Din punct de vedere spiritual, sistemele de conducere de pe Muntele Athos sunt atent monitorizate de Patriarhie, în timp ce, din perspectiva administrativă, sunt sub supravegherea Statului.

Acesta din urmă are responsabilitatea exclusivă de a menține ordinea publică și securitatea în regiune.

Responsabilitățile statului în Muntele Athos sunt îndeplinite de Guvernatorul civil, ale cărui drepturi și obligații sunt clar definite în legislația comună.

Oricărei persoane care adoptă viața monahală în Muntele Athos îi este acordată automat cetățenia greacă, fără alte proceduri, în momentul în care este acceptată oficial în mănăstire ca frate sau monah.

În plus, accesul în Muntele Athos nu este permis persoanelor care nu aparțin credinței ortodoxe sau sunt considerați schismatici ortodocși.

STATUTUL LEGAL AL MUNTELUI ATHOS POTRIVIT LEGII PUBLICE INTERNAŢIONALE

Primul tratat internațional care a recunoscut protecția internațională a statutului Muntelui Athos a fost Tratatul de la San Stefano din 1878, dar această protecție era aplicabilă doar călugărilor ruși.

Ulterior, Tratatul de la Berlin din același an a extins această protecție la toți monahii născuți în afara Imperiului Otoman.

În articolul 62 - paragraful 8 se specifică:

„Călugării din Muntele Athos, indiferent de țara de origine, sunt menținuți în posesiunile și avantajele lor anterioare beneficiind, fără nicio excepție, de o deplină egalitate în drepturi și prerogative".

Aceasta specificație este repetată în tratatele speciale de la Sevres (1920), iar mai apoi în protocolul Tratatului de la Lausanne (1923).

Aceste tratate apără drepturile și libertățile comunităților monahale non-elene în Muntele Athos, după cum urmează:

„Grecia se angajează să recunoască și să mențină drepturile tradiționale și libertățile, de care beneficiază

comunităţile monahale non-elene din Muntele Athos potrivit dispoziţiilor articolului 62 al tratatului de la Berlin din 13 iulie 1878”.

Aceeaşi menţiune a fost repetată în Decretul Legislativ din 29.9/31.10.1923 *„Despre Protecţia Minorităţilor în Grecia”*, articolul 13.

STATUTUL LEGAL AL MUNTELUI ATHOS POTRIVIT LEGII EUROPENE

Diverse aspecte ale legislației Muntelui Athos sunt în contradicție cu principiile Uniunii Europene, cum ar fi

avatonul (interdicția accesului femeilor), necesitatea unui *diamonitirion* (permis de acces) și diverse privilegii fiscale.

Declarația de Aderare nr. 4 stipulează includerea Muntelui Athos în Actul Final din 1979, care face referire la aderarea Republicii Elene la Comunitatea Economică Europeană, actualmente Uniunea Europeană.

Conform acestei Declarații, care recunoaște statutul special garantat Muntelui Athos prin Constituția Greciei, această poziție este justificată exclusiv pe baza caracterului său spiritual și religios.

Comunitatea Europeană garantează că acest statut special al Muntelui Athos este luat în considerare atât în aplicarea, cât și în elaborarea viitoarelor legi ale Comunității.

Acest lucru este valabil în special în ceea ce privește privilegiile fiscale, scutirile de taxe și drepturile de rezidență.

SUBIECT DE DREPT INTERNAȚIONAL

Secolul al XIX-lea a fost o perioadă de criză profundă pentru Sfântul Munte Athos.

În anii 1822-1828, peninsula a fost ocupată militar de forțele otomane, ceea ce a pus în pericol existența întregii comunități monahale.

Situația a devenit atât de gravă încât a necesitat intervenția Rusiei pentru a preveni distrugerea completă a Athosului.

Mai mult, în 1833, Athosul a suferit o lovitură economică majoră când a pierdut venituri substanțiale din cauza secularizării a peste 400 de mănăstiri situate pe teritoriul Greciei.

Această măsură a avut un impact profund asupra stabilității financiare a mănăstirilor athonite, care depindeau în mare măsură de veniturile generate de aceste proprietăți.

Situația s-a agravat în 1863, când a avut loc secularizarea averilor mănăstirești din România, o altă sursă vitală de venituri pentru Athos.

Această pierdere a contribuit la dificultățile financiare

ale mănăstirilor și a impus o presiune suplimentară asupra comunității monahale, care trebuia să găsească modalități alternative de a se susține.

În ciuda acestor provocări majore, Athosul a reușit să supraviețuiască și să-și păstreze tradițiile.

Aceste crize au testat reziliența și capacitatea comunității de a se adapta la schimbările economice și politice.

Perioada a fost, astfel, una de reflecție și reevaluare a vieții monahale, forțând mănăstirile să găsească noi modalități de a-și gestiona resursele și a-și menține autonomia spirituală în fața dificultăților.

La Congresul de la Paris din 1856, Muntele Athos a reușit să capteze atenția Marilor Puteri europene, marcând începutul unei noi faze în istoria sa.

Acest interes internațional s-a consolidat în mod semnificativ la Congresul de la Berlin din 1878, unde Athosul a devenit un subiect important în cadrul dreptului internațional.

În Tratatul de la Berlin, articolul 62 a oferit un cadru juridic explicit pentru statutul și drepturile Muntelui Athos.

Prevederea din articolul 62 a reprezentat o recunoaștere importantă a poziției și autonomiei Athosului la nivel internațional.

Articolul a stabilit un precedent juridic pentru protejarea și respectarea autonomiei și tradițiilor monahale athonite, subliniind importanța acestui sanctuar religios și cultural în contextul european.

Prin includerea Athosului în documentele tratatului, Marile Puteri au recunoscut nu doar valoarea spirituală și istorică a acestui loc, ci și necesitatea de a-i proteja independența și particularitățile în fața schimbărilor politice și sociale.

Momentul a marcat un punct de cotitură în istoria Muntelui Athos, consolidându-i statutul internațional și asigurându-i un grad mai mare de securitate și stabilitate pentru viitor.

De asemenea, a fost un pas important în recunoașterea și protejarea diversității culturale și religioase în Europa, subliniind rolul Athosului ca un simbol al tradiției și spiritualității ortodoxe în cadrul comunității internaționale.

Tratatul de la Berlin, în art. 62, preciza:

„Monahii de la Athos, oricare ar fi locul lor de origine, vor continua sa fie protejați în proprietățile și privilegiile de până acum și se vor bucura fără nicio excepție de deplină egalitate a drepturilor și a beneficiilor".

Articolul 62 din Tratatul de la Berlin a fost o recunoaștere explicită a autonomiei și caracterului inter-ortodox al Sfântului Munte Athos.

Această prevedere a subliniat respectul internațional față de statutul unic al Athosului ca centru spiritual ortodox și a oferit un cadru juridic pentru protecția și păstrarea autonomiei sale. Dominația otomană asupra Athosului a continuat până în anul 1912, când a izbucnit primul război balcanic.

La 2 noiembrie 1912, armata greacă a intrat pe Muntele Athos, marcând sfârșitul stăpânirii otomane și începutul unei noi ere pentru comunitatea monahală.

Schimbarea a fost un moment semnificativ în istoria Athosului, deschizând calea pentru o integrare mai strânsă în cadrul statului grec.

Cu toate acestea, Pacea de la Londra, semnată la 30 mai 1913, a plasat Athosul sub ocupație militară internațională.

Decizia a evidențiat complexitatea statutului Athosului în contextul geopolitic european și a reflectat interesul

continuu al comunității internaționale pentru această regiune unică.

Deși sub ocupație militară, Athosul și-a păstrat autonomia religioasă și culturală, demonstrând din nou capacitatea sa de a supraviețui și de a se adapta în contexte politice și militare schimbătoare, menținându-și totodată tradițiile și identitatea spirituală. Această perioadă a fost un alt test pentru reziliența Athosului, reiterând importanța sa ca sanctuar spiritual și cultural în cadrul Europei.

Pacea de la București, semnată la 10 august 1913, nu a menționat în mod specific Muntele Athos, dar a stabilit o linie de demarcație între Grecia și Bulgaria, prin care acest teritoriu a fost atribuit Greciei.

Într-un eveniment important pentru statutul Athosului, Protocolul semnat la Conferința ambasadorilor Marilor Puteri la Londra, în noiembrie 1913, a declarat Muntele Athos ca fiind o republică independentă și autonomă.

Această decizie a reflectat o recunoaștere internațională a importanței și unicității Athosului, subliniindu-i statutul special atât din punct de vedere religios, cât și politic.

Cu toate acestea, autonomia a fost pusă sub semnul întrebării de acțiunile Regatului Grec în timpul Primului Război Mondial. Profitând de faptul că atenția Marilor Puteri era concentrată pe război, Grecia a expulzat peste 1.000 de călugări ruși de pe Athos, demonstrând dorința de a exercita un control mai direct asupra teritoriului.

În timpul Primului Război Mondial, Athosul a fost ocupat de forțe militare franceze și ruse, ceea ce a adus o nouă perioadă de incertitudine pentru comunitatea monahală.

În vara anului 1917, controlul asupra Athosului a revenit sub autoritatea statului grec, marcând o altă etapă în istoria complexă și adesea turbulentă a acestei regiuni unice. Această perioadă a ilustrat modul în care Athosul a fost afectat de schimbările politice și militare la nivel european și cum a reușit să-și păstreze identitatea și autonomia în fața acestor provocări. Totodată, reflectă dificultățile și tensiunile între respectarea autonomiei Athosului și dorințele statelor naționale de a-și extinde influența asupra acestui teritoriu spiritual și istoric important.

TRATATUL DE LA SÈVRES

Tratatul de la Sèvres, din 10 august 1920, prin art. 13, a impus Greciei respectarea autonomiei Athosului:

„Grecia se angajează să recunoască și să mențină drepturile tradiționale și libertățile de care se bucurau comunitățile mănăstirești ortodoxe ale Sfântului Munte, în conformitate cu hotărârile art. 62 al tratatului de la Berlin, din iulie 1878".

Grecia și-a reafirmat angajamentul de a respecta autonomia Muntelui Athos și prin tratatul semnat cu Turcia la Lausanne, la 24 iulie 1923.

Sub presiunea statului grec, o comisie formată din cinci călugări greci de la Athos a elaborat un statut detaliat pentru organizarea Sfântului Munte, cuprinzând 188 de articole.

Statutul a fost adoptat de reprezentanții a 19 dintre cele 20 de mănăstiri mari, într-o adunare extraordinară la Kareya pe data de 10 mai 1924.

Cu toate acestea, conducerea Mănăstirii ruse Sfântul Pantelimon a respins statutul.

Conform tradiției athonite, pentru ca un statut să intre în vigoare, este necesar consensul tuturor celor 20 de mănăstiri. În ciuda acestei tradiții, în documentul de adoptare a statutului s-a menționat în mod eronat că acesta a fost acceptat de toate cele 20 de mănăstiri, o situație care a fost confirmată ulterior prin aprobările date de Patriarhul de Constantinopol și, mai târziu, de statul grec prin decretul din 16 septembrie 1926.

Această situație reflectă tensiunile dintre autonomia tradițională a Athosului și influența crescândă a statului grec și a Patriarhiei Ecumenice asupra administrației și organizării Muntelui Athos.

Adoptarea statutului sub circumstanțe controversate evidențiază complexitatea relațiilor dintre Muntele Athos și autoritățile externe, precum și dificultățile de a menține un echilibru între tradiție și necesitățile administrative moderne.

Cu toate acestea, elaborarea și adoptarea acestui statut a fost un pas important în modernizarea și reglementarea vieții monahale pe Athos, oferind un cadru clar pentru gestionarea afacerilor interne ale comunității.

Printre prevederile statutului din 1924, care au stârnit controverse și erau considerate contrare tradiției athonite, se numără următoarele dispoziții importante:

1. **Anularea independenței schiturilor, chiliilor și colibelor**

   Acestea au fost declarate dependențe ale mănăstirilor istorice, ceea ce a reprezentat o schimbare semnificativă în structura administrativă și spirituală a Athosului.

   Măsură a limitat autonomia acestor entități monahale mai mici, integrându-le mai strâns sub autoritatea mănăstirilor istorice.

2. Fixarea numărului mănăstirilor istorice la 20

Prevederea a cristalizat structura existentă a mănăstirilor, stabilind un număr fix de mănăstiri care pot exista pe Athos, indiferent de schimbările demografice sau spirituale viitoare.

3. Declararea tuturor monahilor athoniți drept cetățeni greci

Aceasta a fost o măsură semnificativă, care a legat identitatea monahilor de statul grec, indiferent de originea lor națională sau etnică.

4. Interzicerea depășirii numărului de 6 monahi într-o chilie

Această limitare a numărului de monahi care pot locui împreună într-o chilie a modificat structura tradițională a vieții comunitare monahale.

Grecia a extins suveranitatea sa deplină asupra Athosului prin Constituția din 22 septembrie 1926.

Dispozițiile preluate din statutul menționat anterior au afectat autonomia Sfântului Munte, chiar și în problemele bisericești.

Integrarea Athosului în structura constituțională și legală a Greciei a reprezentat o schimbare semnificativă în raporturile dintre Athos și autoritățile externe, afectând modul în care comunitatea monahală își gestiona afacerile interne şi practica religioasă.

Aceste schimbări au subliniat tensiunile dintre păstrarea tradiţiilor athonite şi adaptarea la noile realităţi politice şi juridice.

Deşi au fost făcute în numele modernizării şi eficientizării, aceste măsuri au stârnit nelinişte în rândul comunităţii monahale, care s-a văzut nevoită să oscileze între respectarea autonomiei sale tradiţionale şi conformarea la noile cerinţe legale şi administrative.

„Art. 109: Peninsula Athosului, începând de la Megali Vigla şi mai departe, formând cadrul Muntelui Athos, constituie, potrivit vechiului său statut privilegiat, o regiune prevăzută cu autoguvernare în statul grec, a cărui suveranitate asupra acestui teritoriu rămâne întreagă. Din punct de vedere spiritual, Sfântul Munte se găseşte sub jurisdicţia imediată a Patriarhului ecumenic. Toţi cei care se retrag acolo primesc naţionalitatea greacă din momentul în care sunt admişi ca novici sau călugări, fără altă formalitate.

Art. 110: [...] Se interzice categoric orice modificare a sistemului administrativ, atât în ce priveşte numărul mănăstirilor din Muntele Athos, cât şi privitor la regula ierarhică sau raporturile cu aşezămintele dependente.

Art. 111: Regulamentul amănunţit al Muntelui Athos şi al funcţionarii sale rezultă dintr-o chartă constituţională a

Sfântului Munte, alcătuită și votată de cele 20 de mănăstiri, cu colaborarea reprezentantului Statului și ratificată de Patriarhul Ecumenic și de Camera grecilor. Observarea riguroasă a statutului Sfântului Munte este încredințată - în ce privește latura spirituală, supravegherii supreme a Patriarhului Ecumenic, iar în ceea ce privește partea administrativă, supravegherii Statului, căruia îi aparține exclusiv menținerea ordinii și a securității publice.

__Art. 112__: Puterile conferite Statului prin articolele 109 şi 111 sunt exercitate de un guvernator, ale cărui drepturi şi îndatoriri vor fi fixate de o lege, împreună cu puterea judecătorească exercitată de către autorităţile mănăstireşti şi de sfânta comunitate, precum şi de înlesnirile vamale şi fiscale acordate Muntelui Athos".

Prin implementarea acestor măsuri, statul grec a diminuat semnificativ autonomia tradiţională a Muntelui Athos.

În practică, aceste acţiuni au transformat Athosul într-o extensie a teritoriului grec, tratându-l ca pe un teritoriu anexat şi supus suveranităţii complete a Greciei, reprezentând o depăşire a rolului iniţial al Greciei ca stat mandatar, având responsabilitatea de a superviza şi proteja autonomia şi tradiţiile unice ale Muntelui Athos.

Pentru a menţine aparenţele autonomiei, administraţia Athosului nu a fost integrată în structura administrativă obişnuită a Greciei.

În schimb, responsabilitatea pentru Athos a fost atribuită Ministerului de Externe, o mişcare simbolică menită să evidenţieze statutul aparte al Athosului, deşi, în realitate, autonomia acestuia fusese considerabil redusă.

De-a lungul anilor, deşi Constituţia Greciei a suferit numeroase schimbări şi amendamente, prevederile adoptate în 1926 referitoare la Athos au rămas neschimbate.

Putem înțelege astfel o anumită continuitate în abordarea Greciei față de Athos, păstrând o structură legislativă constantă în ceea ce privește administrarea și gestionarea acestui teritoriu.

Această situație reflectă complexitatea relației dintre Athos și statul grec, ilustrând tensiunile dintre păstrarea autonomiei și influența crescândă a Greciei asupra afacerilor interne ale Athosului, evidențiind eforturile continue ale Athosului de a-și păstra identitatea și tradițiile în fața schimbărilor politice și juridice.

ATHOS
– O REPUBLICĂ
DE TIP MONAHAL
DEPENDENTĂ ȘAU
INDEPENDENTĂ DE
GRECIA

La 2 noiembrie 1912, în contextul tensionat al primului război balcanic, armata greacă a ocupat Muntele Athos.

Această mișcare a stârnit reacții puternice, inclusiv din partea Patriarhiei Ecumenice de la Constantinopol.

Patriarhul de atunci a făcut o declarație fermă, afirmând: *„Patriarhia se va ridica din toate puterile sale împotriva oricărei încercări, fie chiar a Greciei, de a pune mâna pe Sfântul Munte, care este deopotrivă sacru pentru toate statele ortodoxe"*. Această poziție subliniază importanța Athosului nu doar pentru Grecia, ci pentru întreaga lume ortodoxă.

În urma acestei ocupații, Athosul a fost declarat republică monahală independentă și neutră, o decizie confirmată atât la Conferința de la Londra din 1913, cât și de Pactul de la Sèvres din 1920.

Acordurile internaționale recunoșteau statutul aparte al Athosului și intenționau să-i asigure o anumită independență și neutralitate.

Cu toate acestea, în decursul timpului, Athosul a intrat

treptat sub jurisdicția Greciei.

Procesul a fost gradual și nu lipsit de complexități, reflectând tensiunile dintre aspirațiile internaționale de a menține statutul independent al Athosului și interesul Greciei de a-și extinde suveranitatea asupra acestui teritoriu.

Această evoluție a relației dintre Athos și statul grec ilustrează modul în care contextul politic și național poate influența și transformă autonomia și statutul unui spațiu religios și cultural semnificativ.

În pofida acestor schimbări, Athosul a continuat să fie un centru vital al monahismului ortodox și un simbol al tradiției și spiritualității ortodoxe.

În 1924, cinci monahi eleni de pe Muntele Athos au redactat o chartă pentru Athos, care ulterior a fost ratificată de statul grec în 1926.

Charta stabilea granițele republicii monahale și limita numărul mănăstirilor la 20 și al schiturilor la 14, cu prevederea că aceste numere nu pot fi modificate vreodată.

Măsura era menită să păstreze structura tradițională a comunității monahale și să evite proliferarea necontrolată a noilor mănăstiri și schituri.

În plus, charta interzicea stabilirea pe Muntele Athos a persoanelor schismatice sau a celor care nu erau ortodocși, subliniind caracterul strict ortodox al comunității.

De asemenea, impunea tuturor monahilor athoniți cetățenia greacă, indiferent de naționalitatea lor. Această dispoziție reflectă dorința Greciei de a-și consolida suveranitatea și controlul asupra Athosului.

Cu toate acestea, din punct de vedere juridic, validitatea acestei charte este disputabilă, deoarece nu a fost semnată de una dintre mănăstirile istorice majore - mănăstirea

rusească Sfântul Pantelimon.

Această omisiune este semnificativă, deoarece conform tradiției și regulamentelor athonite, pentru ca un astfel de document să fie valabil, este necesară aprobarea tuturor celor 20 de mănăstiri istorice.

Situația ilustrează tensiunile dintre dorința de modernizare și reglementare a vieții monahale pe Athos și respectarea tradițiilor și acordurilor interne ale comunității.

De asemenea, subliniază complexitatea relației dintre Athos și statul grec, precum și dificultățile de a menține un echilibru între autonomia tradițională a Athosului și cerințele și influențele externe.

Al doilea Război Mondial a creat o situație fără precedent pentru Muntele Athos. În perioada 1941-1944, pentru a proteja valoroasele comori bizantine de un posibil jaf nazist, Athosul a intrat sub un soi de protectorat direct al lui Adolf Hitler.

Decizia, luată în circumstanțe deosebit de dificile și periculoase, ilustrează măsurile extreme la care comunitatea monahală a fost nevoită să recurgă pentru a-și proteja patrimoniul spiritual și cultural în fața amenințării distrugerii și jafurilor de război.

Cu toate acestea, indiferent de contextul istoric și politic, Muntele Athos a rămas întotdeauna, în primul rând, o republică ortodoxă.

Este o enclavă a dreptei credințe, un loc sacru mereu sub îndrumarea și protecția Maicii Domnului.

Acest aspect a fost o constantă în istoria sa, indiferent de schimbările de suveranitate sau de influențele externe, fie că au fost din partea Turciei, Greciei, Rusiei sau altor puteri lumești trecătoare.

Rolul și importanța Athosului depășesc granițele politice

sau naționale, fiind un centru spiritual vital pentru întreaga lume ortodoxă.

Chiar și în perioadele cele mai tulburi, Athosul a reușit să-și păstreze identitatea și autonomia, fiind un simbol al continuității și rezistenței spirituale în fața provocărilor istorice.

Rezistența și dedicarea neclintită față de tradiția și credința ortodoxă au făcut ca Sfântul Munte Athos să rămână un far luminos în lumea creștin-ortodoxă.

CONTROVERSA LEGATĂ DE DISCRIMINAREA SEXUALĂ

După o veche tradiţie, păstrată prin viu grai, se povesteşte că, Aelia Flaccilla, soţia împăratului Teodosie cel Mare, trecând cu corabia de la Roma spre Constantinopol, s-a abătut şi pe la muntele Athos spre a vedea mânăstirea Vatopedu, zidită de către soţul său.

La sosirea în portul Athosului, Aelia Flaccilla a fost întâmpinată de monahii mănăstirii şi condusă spre tinda Bisericii, unde se află până în ziua de astăzi o icoană cunoscută sub numele de Maica Domnului „cea Vie".

În faţa acestei icoane, se spune că Aelia Flaccilla a auzit o voce tunătoare.

„Opreşte-te şi întoarce-te înapoi căci eu sunt împărăteasa muntelui acestuia. Pentru ce ai venit să tulburi liniştea supuşilor mei?

Să ştiţi că de azi înainte, nicio femeie nu va mai călca pământul sfânt al acestui munte".

Vocea, potrivit tradiţiei, era a Maicii Domnului.

Această poveste reflectă modul în care Muntele Athos a fost perceput de-a lungul secolelor ca un loc sacru, unde

divinul și miraculosul se întâlnesc cu lumea pământească.

Tradiția subliniază și rolul Athosului ca un loc de pelerinaj și venerare pentru creștinii ortodocși, un loc unde credința și spiritualitatea sunt vii și tangibile.

De asemenea, povestea evidențiază legătura profundă dintre Athos și Imperiul Bizantin, precum și respectul și venerația pe care împărații și familiile lor le-au avut față de acest loc sfânt.

Vizita soţiei împăratului Teodosie cel Mare la Athos simbolizează recunoaşterea importanţei acestui sanctuar spiritual şi a influenţei sale în lumea creştină ortodoxă.

Revenind la întâmplarea petrecută în tinda Bisericii Mănăstirii Vatopedu, după ce s-a auzit vocea tunătoare a Maicii Domnului, Aelia Flaccilla, soţia împăratului

Teodosie cel Mare, a fost profund mișcată.

Conștientă de gravitatea îndrăznelii sale de a călca pe pământul sacru al Athosului, împărăteasa a căzut cu fața la pământ, în semn de pocăință și respect. Momentul a fost unul de profundă reflecție spirituală și regret pentru acțiunea sa.

În semn de recunoștință și compensație pentru intruziunea sa, Aelia Flaccilla a oferit mănăstirii odoare scumpe, un gest de generozitate și venerație față de locul sacru pe care îl vizitase.

După această experiență umilitoare și înălțătoare deopotrivă, împărăteasa a plecat spre Constantinopol, lăsând în urmă o poveste care avea să devină parte a tradiției și a legendelor Muntelui Athos.

Întâmplarea a devenit un moment definitoriu în istoria Athosului, marcând începutul unei tradiții stricte: de atunci și până în prezent, nicio femeie nu a mai avut permisiunea să intre în republica monahală a Sfântului Munte Athos.

Acest tabu a devenit una dintre cele mai distincte și respectate tradiții ale Athosului, simbolizând sfințenia și puritatea acestui loc sacru.

Restricția reflectă profunda reverență și respectul pentru sfințenia și tradiția Athosului, un loc unde monahii caută să trăiască în izolare și contemplare, departe de ispitele și tentațiile lumii exterioare.

Interdicția ca femeile să intre pe Muntele Athos datează din secolul al XI-lea și a fost instituită ca urmare a unor incidente în care călugări tineri au fost ispitiți de femei care se deghizau în ciobani pentru a intra în contact cu aceștia.

Aceste femei, posibil cu un comportament seducător și teatral, au reușit să-i corupă pe unii dintre călugări, determinându-i să încalce principiile monahale prin

întreținerea de relații sexuale.

Situația creată a determinat conducătorii spirituali ai Athosului să ia măsuri drastice pentru a proteja viața de castitate și dedicare spirituală a comunității monahale.

Astfel, interdicția intrării femeilor pe Muntele Athos a fost impusă pentru a preveni astfel de tentații și pentru a menține un mediu de puritate și concentrare spirituală, esențial pentru viața monahală. Această regulă a devenit una dintre caracteristicile definitorii ale Athosului, reflectând angajamentul profund al comunității pentru păstrarea tradiției și a disciplinei monahale.

În anii 2001 și 2006, Parlamentul European a lansat un apel către guvernul Greciei și administrația autonomă a Muntelui Athos, solicitându-le să reevalueze regula care interzice accesul femeilor în această regiune a Greciei.

Această regiune este recunoscută ca parte a patrimoniului mondial UNESCO, fiind astfel un loc de interes turistic și academic la nivel internațional, considerat într-un anumit sens ca aparținând tuturor.

Solicitarea a venit în contextul în care programele de renovare și întreținere ale Sfântului Munte sunt finanțate nu doar de UNESCO, ci și din fonduri europene.

Prin urmare, Parlamentul European a exprimat preocupări cu privire la accesul limitat într-o zonă care beneficiază de finanțare internațională și care are o valoare culturală și istorică semnificativă.

Aceste apeluri reflectă tensiunea dintre respectarea tradițiilor religioase locale și principiile de egalitate și acces deschis, care sunt promovate la nivelul Uniunii Europene și al altor organizații internaționale.

Dezbaterile privind accesul femeilor pe Muntele Athos ridică întrebări complexe despre cum pot fi echilibrate drepturile și tradițiile culturale într-un context global și divers.

Parlamentul European a solicitat în mod specific revizuirea legislației grecești care prevede sancțiuni penale, inclusiv închisoare de până la un an, pentru femeile care încalcă interdicția de a intra pe Muntele Athos.

Parlamentarii europeni au exprimat preocupări că atât statul grec, cât și administrația autonomă a Athosului, să fie responsabili de discriminare pe criterii de gen prin menținerea acestei interdicții și a sancțiunilor aferente.

Ei au argumentat că această situație constituie o încălcare a principiului egalității între sexe, ceea ce contravine convențiilor internaționale la care Grecia este parte semnatară.

Poziția Parlamentului European pune în lumină conflictul dintre respectarea tradițiilor religioase specifice unei comunități și respectarea drepturilor fundamentale ale omului, cum ar fi egalitatea de gen.

Problema subliniază complexitatea gestionării și protejării patrimoniului cultural și religios în contextul unui cadru legislativ și etic modern, care promovează principii universale de egalitate și nediscriminare.

Criticii din Grecia și din străinătate remarcă faptul că există exemple istorice în tradiția monahală greacă, inclusiv în cadrul unor zone din Grecia actuală, cum ar fi complexul monahal Meteora - al doilea ca mărime în Grecia - unde restricțiile teritoriale privind accesul femeilor au fost în trecut eliminate.

În aceste cazuri, s-a optat pentru reguli aplicabile individual mânăstirilor, în locul restricțiilor impuse unei regiuni întregi.

Abordarea sugerează că ar fi posibil să se găsească un echilibru între respectarea tradițiilor monahale și aderarea la principiile moderne de egalitate și acces.

În cazul Meteorei, de exemplu, s-a dovedit posibil să se adapteze și să se revizuiască practicile tradiționale pentru a reflecta schimbările din societatea mai largă, fără a compromite integritatea spirituală și culturală a comunității monahale.

Evoluția istorică este folosită ca argument în favoarea reconsiderării restricțiilor similare impuse pe Muntele Athos, subliniind posibilitatea coexistenței tradițiilor religioase cu normele moderne de egalitate de gen.

Este important de subliniat că, în practică, restricția privind accesul femeilor pe Muntele Athos, precum și aplicarea pedepselor asociate, sunt gestionate de comunitatea monahală și de statul grec cu un grad ridicat de moderație și reținere.

Un exemplu elocvent al acestei abordări a fost situația din mai 2008, când patru tinere din Republica Moldova au ajuns accidental în republica monastică a Muntelui Athos, fără să fie conştiente de existenţa interdicţiei.

În acest caz, autorităţile de la toate nivelurile au demonstrat o atitudine de clemenţă şi înţelegere.

Această reacţie flexibilă şi tolerantă indică faptul că, deşi regulile privind accesul pe Athos sunt stricte, există o anumită flexibilitate în aplicarea lor, în special în cazuri neintenţionate sau nevinovate de încălcare.

Incidentul a demonstrat că, în ciuda regulilor stricte, atât comunitatea monastică, cât şi autorităţile statului grec sunt capabile să gestioneze situaţii excepţionale cu discernământ şi umanitate, păstrând un echilibru între respectarea tradiţiilor şi aplicarea legii cu compasiune şi înţelegere.

Din punct de vedere istoric, există cazuri în care călugării de pe Muntele Athos au adăpostit femei din familiile lor (cum ar fi mamele lor) în sfântul sanctuar montan pe durata Războiului de Independenţă al Greciei.

De asemenea, femei din Vest, aparţinând familiilor de elită politică care au susţinut cauza independenţei Greciei, au reuşit să viziteze Athosul, deghizându-se pentru a trece neobservate.

Incidentele care au exista în trecut ilustrează faptul că, deşi există o regulă strictă împotriva accesului femeilor pe Muntele Athos, au fost momente în istorie când această regulă a fost ocolită sau suspendată datorită circumstanțelor excepționale, cum ar fi războiul sau alte situații de criză.

De asemenea, aceste exemple demonstrează că, în ciuda restricțiilor oficiale, au existat momente când flexibilitatea și pragmatismul au prevalat în fața regulilor stricte, fie din motive de siguranță, fie din cauza contextului politic și social.

PAGINI DE ISTORIE

Akte - Athos

În epoca antică, era cunoscut sub numele de Akte, iar denumirea „Athos" se crede că provine din mitologia greacă.

Conform legendei, un gigant trac cu acest nume, în conflictul său cu zeii olimpieni, ar fi aruncat o stâncă uriașă spre Poseidon.

Stânca respectivă, căzând în mare, a format muntele stâncos cunoscut astăzi ca Athos.

Înainte de sosirea Maicii Domnului, Muntele Athos era cuprins de practica venerării idolilor. Existau numeroase sanctuare dedicate idolilor, iar pe vârful Athonului trona o statuie imensă a lui Apolo, construită din aur.

Se zvonește că statuia lui Apolo, aflată pe vârful Athonului și realizată din aur, strălucea atât de puternic încât putea fi văzută chiar și de la Constantinopol. Mulți veneau să se închine la acest idol, iar demonii ce se credea că locuiesc în el le răspundeau la întrebări.

Însă, pentru a primi aceste răspunsuri, erau necesare jertfe, uneori chiar copiii erau sacrificaţi sub formă de ofrande.

Se spune că şi în zilele noastre se pot găsi rămăşiţe ale acestor altare păgâne, cu pietre prevăzute cu canale pentru scurgerea sângelui, unde erau sacrificaţi copiii mici.

Se crede că în perioada antică, pe această peninsulă

veche, denumită Akte, grecii aveau cel puțin cinci orașe - Akroathon, Olophiskus, Dion, Zissus și Kleone - și venerau pe zeul Apolo, pentru care exista o statuie uriașă pe muntele Athonului.

Conform tradiției, se spune că această statuie, alături de altele, s-a prăbușit în momentul în care Maica Domnului a pus piciorul pe peninsulă, fiind nevoită să acosteze aici din

cauza unei furtuni, pe când călătorea către Cipru.

Conform epopeilor lui Homer, flota condusă de Achile, fiul regelui Peleus din Tesalia și cel mai viteaz dintre eroi, ar fi navigat pe lângă Athos în drumul său spre Troia, împreună cu Agamemnon și înțeleptul Ulise, pentru a duce războiul împotriva celebrei cetăți a cărei ruine se pot vedea și astăzi pe coastele Asiei Mici.

Cu opt secole înainte de nașterea lui Iisus, Homer menționează Athosul în celebrul său poem, Iliada.

Ulterior, poetul tragic antic Eschil, în corul care deschide tragedia „Agamemnon", localizează peninsula ca fiind locul naufragiului flotei persane care a pornit să cucerească Ellada.

Oameni din toate colțurile lumii, dornici să afle ce le rezervă viitorul, veneau să consulte acest loc, de unde primeau răspunsuri adecvate, dar, bineînțeles, înșelătoare, așa cum sunt toate răspunsurile oracolelor păgâne.

Creştinarea Athosului

Conform unei vechi tradiții bisericești, păgânii care trăiau pe Sfântul Munte au adoptat creștinismul în primele timpuri ale erei creștine, sub circumstanțe cu totul excepționale.

Este cunoscut faptul că, după Înălțarea Mântuitorului la

cer și coborârea Duhului Sfânt asupra celor 12 Apostoli, printre care se numărau și sfintele femei mironosițe, conduse de Sfânta Fecioară Maria, aceștia au urmat porunca Mântuitorului:

„Duceți-vă și învățați toate neamurile... și propovăduiți Evanghelia la toată creația".

În acest scop, Sfinții Apostoli au hotărât prin tragere la sorți direcția în care fiecare dintre ei va merge pentru a propovădui.

Astfel, fiecare dintre Apostoli s-a îndreptat către diferite părți ale lumii. În ceea ce o privește pe Maica Domnului, Dumnezeu, prin providența Sa, a hotărât deja soarta ei, trimițându-i pe Arhanghelul Gabriel să-i vestească că trebuie să meargă la Muntele Athos, locație cunoscută pentru numeroasele sale temple păgâne.

Evenimentul descris s-a întâmplat în următoarele circumstanțe: în insula Cipru, Lazăr, cel înviat din morți de Mântuitorul după patru zile, fusese consacrat episcop. El fusese hirotonit de către Varnava, un ucenic al Sfântului Apostol Pavel.

După o vreme, Lazăr a simțit o dorință profundă de a o revedea pe Preasfânta Fecioară Maria înainte de a părăsi această lume.

Conștient că nu putea călători la Ierusalim din cauza persecuțiilor evreiești, Lazăr i-a scris o epistolă Maicii

Domnului, rugând-o cu mare insistență și smerenie să vină în Cipru pentru a-i împărtăși binecuvântarea Fiului și Dumnezeului său.

Maica Domnului, la primirea acestei emoționante scrisori, i-a comunicat Sfântului Lazăr că îi va îndeplini dorința, cu condiția ca acesta să-i trimită o corabie în portul Iaffa pentru a o prelua.

Vestea acestui răspuns l-a umplut de bucurie pe Sfântul Lazăr, care a trimis imediat corabia la port. Maica Domnului, așteptând corabia, s-a îmbarcat însoțită de apostolul Ioan - pe care Mântuitorul îl lăsase în grija ei - și de alți doi apostoli, pornind către insula Cipru.

Totuși, dintr-o rânduială Dumnezeiască, vântul nefavorabil i-a deviat cursul, ajungând după o perioadă în limanul lui Climent, situat pe Muntele Athos, în zona actuală a Mânăstirii Iviru.

În momentul în care corabia s-a apropiat de țărm, s-a produs o minune uimitoare.

Toți idolii de pe munte s-au prăbușit cu fețele la pământ, sfărâmându-se în mii de bucăți.

Idolul lui Apolo de pe vârful Athonului a început să țipe înspăimântător și necontrolat, strigând: *„Ieșiți, oameni, bărbați și femei, tineri și bătrâni, și grăbiți-vă la limanul lui Climent, să întâmpinați pe Maica Marelui Împărat și a adevăratului Dumnezeu, Iisus Hristos!”*

În timp ce rostea aceste cuvinte, idolul s-a prăbușit de pe vârful muntelui, împreună cu demonul care îl locuia, distrugând vârful muntelui și căzând în adâncurile mării.

La auzul acestor evenimente, locuitorii, cuprinși de mare spaimă, s-au adunat împreună, de la cel mai mic la cel mai mare, și au coborât în grabă la limanul lui Climent.

Acolo, i-au întâmpinat pe Preasfânta Născătoare de

Dumnezeu și pe Sfinții Apostoli care se aflau cu ea. Stând ea pe corabie, i-au oferit omagiile cuvenite și, căzând la pământ, s-au închinat înaintea ei, rostind:

„O prea sfântă stăpână, Maică pururea fecioară! Spune-ne luminat cum ai născut pe cel neîncăput?

Cum ai hrănit cu lapte din sânul Tău pe cel ce hrănește toată făptuirea și cum ai ținut în Sfintele Tale brațe pe cel

ce ţine în braţe toată zidirea?"

Atunci, Maica Domnului, binecuvântată cu darul cuvântului, a început să le vorbească mulţimii înşelate de idoli, dezvăluindu-le misterele Fiului Său şi îndemnându-i să creadă şi să fie botezaţi în numele Lui.

Astfel, întreaga mulţime, de la cel mai mic la cel mai mare, a adoptat credinţa şi a primit botezul, oferind mulţumiri Preasfintei Maici.

Maica Domnului le-a mai spus următoarele cuvinte:

„O fii luminaţi, ascultaţi. Acest loc a fost sortit mie de către Fiul şi Dumnezeul meu. Voi însă, nu veţi mai rămâne mult aici, pentru că pe muntele acesta voi trimite bărbaţi din toată lumea, ca să vieţuiască în curăţie, după chipul îngerilor."

În urma acestor evenimente, Maica Domnului, alături de cei doi ucenici care o însoţeau, s-a îmbarcat din nou pe corabie. După ce a oferit ultimele sfaturi şi binecuvântări mulţimii, a pornit către insula Cipru.

Sfântul Lazăr, aşteptând cu nerăbdare, şi-a simţit inima plină de bucurie la vederea corabiei apropiindu-se şi a vărsat lacrimi de fericire.

Odată ce corabia a ajuns, Maica Domnului i-a povestit Sfântului Lazăr despre călătoria ei neaşteptată la Muntele Athos şi cum a reuşit să convertească întregul popor la credinţa adevărată.

Sfântul Lazăr a fost cuprins de o mare bucurie și, după ce a primit binecuvântarea mult așteptată, corabia cu Maica Domnului a părăsit țărmul, îndreptându-se spre Iaffa și apoi către Ierusalim.

Nu se știe cu exactitate când au sosit primii monahi pe Muntele Athos, dar se presupune că ar fi venit pe vremea Sfântului Apostol și Evanghelist Ioan (101 d.Hr.), care a

însoțit-o pe Sfânta Fecioară în călătoria ei spre Athos.

Această relatare sugerează că, încă din primele timpuri ale erei creștine, sihaștri din Asia Mică, posibil chiar din Efes, locul de baștină al Sfântului Evanghelist Ioan, unde viața eremitică și contemplativă își făcea simțită prezența, ar fi debarcat pe Muntele Athos.

Agion Oros

Termenul de „Sfântul Munte" este menționat pentru prima dată în anul 1048, într-un document oficial adresat împăratului Konstantin Monomachos, când regiunea era deja dedicată exclusiv monahilor și eremiților.

Deși unele mănăstiri de pe Athos pretind că au o istorie monahală datând din timpul lui Constantin cel Mare (+339), sau chiar din epoca păgânului Caracalla (considerați fondatorii mănăstirilor Constamonitou și Caracalu), nu există dovezi istorice în acest sens până în secolul al IX-lea.

Conform istoricului Genesios, la sinodul constantinopolitan din anul 843, convocat de împărăteasa Theodora pentru sărbătoarea reintroducerii sfintelor icoane în biserici, au fost prezenți și câțiva monahi aghioriți.

Cu toate acestea, este cert că viața monahală de pe Athos a început inițial sub forma de sihăstrii și schituri.

În timpul domniei împăratului Teodosie I (+395) și a soției sale Aelia Flaccilla, existau deja câteva mănăstiri, care, din păcate, au fost devastate de invaziile barbare.

Spre sfârșitul secolului al VIII-lea, Petru Athonitul, venind de la Roma și urmând o viziune în care i s-a arătat Maica Domnului, a descoperit că muntele era nelocuit.

Prin urmare, a fost nevoit să își găsească adăpost într-o peșteră întunecată și plină de reptile veninoase, pe care le-a alungat prin rugăciune. Inițial, s-a hrănit cu ierburi sălbatice din apropierea peșterii, iar mai târziu a fost binecuvântat cu hrană cerească, adusă de îngerul Slavei o dată la fiecare patruzeci de zile.

Istoria monahismului pe Sfântul Munte Athos își are originile în secolul al VIII-lea, cu sfinții Petru Athonitul (+734) și Evtimios din Opso.

De asemenea, basileul Vasilios I „Macedoneanul" a emis în anul 883 un decret prin care monahii de aici erau protejați de orice perturbări externe, iar mai târziu, Leon al VI-lea (886-912) a recunoscut oficial pustnicii athoniți printr-un *chrisobull*.

Există, totuși, ipoteza că împăratul Konstantinos IV Pogonatos (668-685) ar fi fost cel care a dedicat Athosul monahismului, undeva în a doua jumătate a secolului al VII-lea, posibil în timpul asediului Constantinopolului de către arabi între 673-678.

Această opinie este împărtășită și de arhimandritul Porfirie Uspenski (+1885).

În a doua jumătate a secolului al IX-lea, în jurul anului 867, pustnicul Ioan Colibașul, cunoscut pentru sfințenia vieții sale, s-a stabilit pe Muntele Athos. Exemplul său a fost urmat de alți sihaștri și monahi, care, dornici de o viață îngerească, se dedicau postului și rugăciunii zi și noapte, în liniștea profundă a muntelui.

Vasile Macedon, împăratul Bizanțului (867-886), a răspuns la cererea sihastrului Ioan Colibașul și i-a acordat acestuia și urmașilor săi muntele, care de atunci a început să fie cunoscut drept Sfântul Munte. Acest privilegiu acordat de Vasile Macedon a fost întărit și de împăratul Leon Înțeleptul.

În afara sihaștrilor, au venit ulterior și chinoviții, care au

început să construiască mănăstiri.

Atanasie din Trapezunda este considerat organizatorul Sfântului Munte. El, împreună cu alți monahi dedicați, a fondat Mănăstirea Marea Lavră în jurul anului 963.

Pentru viața sa de evlavie și cuvioșie, Atanasie - alături de Petru Athonitul - a fost canonizat ca sfânt.

În secolul al X-lea, viața monahală a ajuns să fie foarte

apreciată. Patriarhi, arhierei, preoți și diaconi s-au retras în mănăstirile Aghiorite, devenind monahi.

Pe urmele lor au mers împărați, prinți și boieri, care, renunțând la vanitățile lumii, au ales să trăiască în singurătatea muntelui sfânt, aducând cu ei averi și obiecte prețioase.

Vestea privind sfințenia vieții monahale de pe Sfântul Munte s-a răspândit în întreaga lume.

Prinții tuturor națiunilor ortodoxe, inclusiv Iberii, Rușii, Sârbii, Bulgarii și în special Românii, au donat averi semnificative pentru construcția și ornamentarea mănăstirilor din Sfântul Munte.

Viaţa monahală organizată

Prima mănăstire fondată pe Muntele Athos datează din anul 963 și a fost construită de Sfântul Athanasie Athonitul, cu sprijinul prietenului său, împăratul bizantin Nikephoros al II-lea Phokas, cunoscut și sub numele de „*moartea albă a sarazinilor*", care și-a pierdut viața pe 10 decembrie 969.

Nikephoros al II-lea Phokas, un împărat remarcabil pentru realizările sale militare și pentru victoriile împotriva sarazinilor, avea o afinitate profundă pentru viața monahală și se spune că ar fi dorit să se retragă el însuși la Marea Lavră (Megistis Lavras).

Această mănăstire, întemeiată în inima spiritualității ortodoxe, nu a reprezentat doar un loc de refugiu și meditație, ci și un simbol al colaborării dintre puterea bisericească și cea imperială.

Construcția Mănăstirii Marea Lavră a marcat începutul unei ere de dezvoltare și prosperitate pentru monahismul athonit, devenind un centru de iradiere a credinței și

culturii ortodoxe.

Contribuția lui Nikephoros al II-lea Phokas la înființarea acestei mănăstiri a lăsat o amprentă durabilă asupra istoriei și patrimoniului monastic athonit, subliniind legătura strânsă dintre autoritatea imperială și cea religioasă în Imperiul Bizantin.

Mănăstirea a devenit un punct de referință pentru numeroase alte comunități monahale ce au urmat, inspirând înființarea unui întreg univers spiritual pe Muntele Athos.

După moartea lui Phokas, succesorul său, Ioannis Tzimiskes, care a fost și responsabil pentru moartea lui Phokas, a jucat un rol crucial în istoria Muntelui Athos.

În 971, Tzimiskes a emis primul typikon pentru Athos, un document fundamental care a definit modul de viață chinovial athonit, înlocuind practica idioritmică existentă până atunci.

Acest act a consolidat autonomia „statului" monahal bizantin, oferind o structură și o direcție clară pentru viața monahală pe Muntele Athos.

Considerat „*Ctitorul Athosului*", Sfântul Athanasie a avut o influență profundă asupra dezvoltării comunității monahale.

În testamentul său din 990, el a îndemnat la respectarea egală a monahilor străini față de cei greci, iar prin Canonicul său din 971, a anatemizat pe oricine nu ar respecta această

directivă.

Spirit de egalitate şi fraternitate a fost fundamental pentru dezvoltarea comunității monahale athonite.

Avatonul, restricția privind accesul femeilor în Sfântul Munte, a fost oficializat în anul 1050, după adoptarea celui de-al doilea typikon în 1046.

Acesta a fost semnat de peste 180 de stareți de mănăstiri,

marcând un pas important în definirea și păstrarea caracterului unic și sacru al vieții monahale athonite.

Reglementarea nu doar că a consolidat natura exclusiv masculină a vieții monahale pe Athos, dar a și contribuit la păstrarea tradițiilor și a stilului de viață neîntrerupt de influențe externe, asigurând continuitatea și puritatea spirituală a comunității.

Pentru aproximativ 250 de ani, comunitatea monahală de pe Muntele Athos a trăit într-o libertate deplină, bucurându-se de o perioadă de autonomie, prosperitate spirituală și materială.

În această epocă de aur, majoritatea mănăstirilor „imperiale" istorice și-au făcut apariția, semnând o epocă de înflorire și dezvoltare remarcabilă.

Printre acestea se numără Vatopedu (972), Iviru (980), Sfântul Pavel, Filoteu, Xiropotamu, Zografu, Dohiariu, Xenofont, Xylourgos, Roussikon (între anii 1142 și 1169), Hilandaru (1198) și chiar o mănăstire benedictină catolică: Amalphion (990).

Fiecare dintre mănăstiri avea o afiliere etnică și culturală distinctă: Iviru era georgiană, Hilandaru era sârbă, Zografu bulgară, Xylourgos și Russikon rusești, în timp ce celelalte erau de tradiție bizantină.

Această diversitate a adus o bogăție culturală și spirituală pe Muntele Athos, reflectând în același timp caracterul ecumenic şi internaţional al Ortodoxiei. Existenţa mănăstirilor nu numai că au contribuit la păstrarea şi promovarea tradiţiilor religioase şi culturale specifice fiecărei comunităţi, dar au şi facilitat schimbul de idei, practici religioase şi artă între diferitele culturi ortodoxe, consolidând astfel legăturile fraterne între naţiunile ortodoxe.

Această perioadă a marcat o expansiune semnificativă a influenţei monahismului athonit, făcând din Sfântul Munte Athos un centru religios şi cultural de importanţă mondială.

Secolul XI

În secolul al XI-lea, Muntele Athos a început să îşi piardă exclusivitatea ca aşezământ imperial şi pur bizantin. În această perioadă, comunitatea monahală athonită a început să se diversifice cultural şi etnic, marcând o schimbare semnificativă în compoziţia sa.

Ruşii au fondat Mănăstirea Sfântul Pantelimon, cunoscută şi sub numele de Rusikon, care a început să deruleze slujbele în limba rusă, pe baza cărţilor slavoneşti, menţionate încă din anul 1143.

Mănăstirea a devenit un centru important pentru comunitatea ortodoxă rusă, reflectând tradiţiile şi cultura lor religioasă.

Pe lângă aportul rusesc, s-a înființat și Mănăstirea sârbească Hilandar, o mănăstire bulgărească impresionantă, precum și un pitoresc schit românesc: Prodromul.

Fiecare dintre noile mănăstiri a adus cu ea o particularitate culturală și spirituală, îmbogățind mozaicul cultural al Athosului.

Noile comunități nu doar că au contribuit la diversitatea

religioasă și culturală a Muntelui Athos, dar au și întărit legăturile între diferitele națiuni ortodoxe, creând un dialog inter-cultural și inter-confesional.

Astfel, Sfântul Munte s-a transformat dintr-un bastion exclusiv bizantin într-un centru religios și cultural panortodox, consolidându-și reputația ca un loc sacru pentru toate națiunile ortodoxe.

Secolul XIII

Comunitatea monahală athonită a trăit într-o autonomie completă, asigurată de împărații bizantini, până în perioada celei de-a patra cruciade, în 1204, când Constantinopolul a fost cucerit de forțele latine.

Această schimbare majoră a afectat semnificativ statutul Muntelui Athos, trecând sub jurisdicția unui episcop catolic din Salonic.

Începând cu anul 1234, Ioan Asan a plasat regiunea athonită sub protecția patriarhului de la Trnovo, pentru o perioadă de cincisprezece ani.

Perioada de subordonare a adus noi provocări și a marcat o schimbare în conducerea spirituală și administrativă a Athosului, care a trebuit să se adapteze la noile realități politice și religioase.

Cu toate acestea, evenimentele au și subliniat reziliența

și capacitatea Athosului de a-și păstra identitatea spirituală și autonomia, chiar și în fața schimbărilor politice și religioase semnificative.

Acest capitol din istoria Athosului nu a fost doar o perioadă de încercare, ci și un moment care a demonstrat solidaritatea și determinarea comunității monahale de a-și păstra tradițiile și libertatea spirituală.

De-a lungul timpului, aceste experiențe au contribuit la consolidarea identității și unității monahismului athonit, chiar și în fața adversităților.

Secolul al XIII-lea a fost o perioadă dificilă și agitată pentru comunitatea monahală din Sfântul Munte, începând cu abuzurile nobililor și prelaților din Franța. Aceste abuzuri au fost atât de severe încât monahii au fost nevoiți să solicite chiar protecția Papei Inocențiu al III-lea, un gest care evidențiază disperarea și vulnerabilitatea lor în fața influenței occidentale.

Perioada s-a încheiat cu raiduri frecvente ale piraților și corsarilor apuseni. În mod deosebit, mercenarii catalani, angajați dintr-o greșeală de către Andronikos al II-lea în 1302, au provocat distrugeri semnificative în 1307 și 1308.

Atacurile piraților au reprezentat nu doar o amenințare fizică pentru monahii și infrastructura mănăstirilor, dar au și afectat profund stabilitatea și pacea spirituală a comunității.

Evenimentele extreme și violente au testat rezistența și coeziunea comunității athonite, forțându-i pe monahi să găsească modalități de a rezista și a supraviețui în fața provocărilor externe.

De-a lungul acestui secol zbuciumat, Athosul a demonstrat o remarcabilă capacitate de adaptare și perseverență, consolidându-și spiritul comunitar și angajamentul față de valorile și tradițiile monahale.

Acesta a fost, de asemenea, un moment în care solidaritatea internațională ortodoxă s-a manifestat, cu sprijin venind din diverse părți pentru a ajuta Athosul să depășească aceste grele încercări.

În perioada domniei împăratului Mihail al VIII-lea (1259-1282), monahii athoniți au avut de îndurat o perioadă

de persecuție intensă, în special în contextul încercărilor împăratului de a promova „unirea cu Roma". Eforturile sprijinite de patriarhul controversat Ioan Vekkos după 1274, au întâmpinat o rezistență puternică din partea comunității monahale.

La Mănăstirea Zografu, un număr semnificativ de monahi au ales să moară arși de vii decât să participe la slujbe împreună cu catolicii.

La Mănăstirea Xiropotamu s-a întâmplat un incident tragic în care *katholikonul* (biserica principală) s-a prăbușit peste cei care oficiau liturghia alături de latini.

În plus, există relatări despre un grup de monahi de la Mănăstirea Marea Lavră care, după ce au slujit cu occidentalii, au fost înmormântați într-o peșteră și, conform tradiției, corpurile lor nu s-au descompus, rămânând neputrezite și umflate.

Aceste evenimente nu doar că au marcat o perioadă de conflict și suferință pentru Athos, dar au și subliniat angajamentul neclintit al comunității monahale față de tradițiile și credințele ortodoxe.

Confruntarea cu presiunile externe și persecuția a consolidat unitatea și spiritul de rezistență a Sfântului Munte, întărind identitatea și autonomia sa spirituală.

De asemenea, evenimentele au devenit parte a memoriei colective a Muntelui Athos, reamintind generațiilor următoare despre importanța păstrării credinței și tradițiilor în fața provocărilor.

Secolul XIV

Contribuția cea mai semnificativă a Sfântului Munte Athos la teologia ortodoxă a fost realizată în secolul al XIV-lea prin Sfântul Grigorie Palama (+1358), care a dus

la dezvoltarea „doctrinei isihaste".

Această doctrină a luat naștere dintr-o serie de dispute teologice îndelungate (între anii 1340 și 1364) între Grigorie Palama și Varlaam din Calabria, un teolog italo-grec.

În aceste dezbateri, Sfântul Grigorie Palama a apărat practica isihastă, o formă de rugăciune contemplativă și asceticism, împotriva criticilor lui Varlaam, care contestă tradițiile monahale athonite și experiența mistico-spirituală a monahilor isihaști.

Prin argumentele sale solide și profunde, Grigorie Palama a contribuit decisiv la consolidarea și afirmarea isihismului ca o parte integrantă a spiritualității și teologiei ortodoxe.

Această perioadă a marcat nu doar o apărare a tradițiilor monahale, ci și o clarificare și aprofundare a înțelegerii experienței mistice și a rugăciunii în cadrul Bisericii Ortodoxe.

Doctrina isihastă, cu accentul său pe rugăciunea interioară și contemplație, a influențat profund spiritualitatea ortodoxă, lăsând o moștenire durabilă în teologia și practica Bisericii Ortodoxe.

Isihasmul a reprezentat o renaștere a spiritualității bizantine, oferind o nouă perspectivă a înțelegerii experienței divine.

Învățăturile lui Grigorie Palama despre „energiile

necreate" ale lui Dumnezeu au fost recunoscute ca dogmă oficială a Bisericii Ortodoxe în urma a trei sinoade importante ținute la Constantinopol în anii 1341, 1347 și 1351.

Doctrina a oferit o bază teologică solidă pentru experiența mistică și contemplativă în cadrul Ortodoxiei, reafirmând valoarea și importanța rugăciunii interioare și

a vieții ascetice.

În același secol, Ștefan Uroš IV Dušan, un puternic țar sârb din perioada 1331-1355, a încercat să aducă Sfântul Munte sub jurisdicția Patriarhiei de Peć. În acest scop, el a făcut o vizită personală în Athos în anul 1345, dar eforturile sale nu au fost încununate de succes.

Acest episod reflectă influența politică și religioasă în

evoluția Muntelui Athos și demonstrează cum jurisdicțiile externe au căutat să-și extindă influența asupra acestei comunități monahale.

Tentativa lui Dušan de a schimba jurisdicția Athosului indică complexitatea relațiilor dintre puterile politice și religioase din acea perioadă și modul în care Athosul a reușit să își mențină autonomia și tradițiile în ciuda presiunilor externe.

Deși Sfântul Munte Athos a rămas sub influența sârbească până în anul 1375, Patriarhia de Constantinopol a exercitat presiuni considerabile asupra comunității athonite după 1368, încercând să-i aducă sub jurisdicția sa. Această perioadă de tensiune și incertitudine a durat până când patriarhul ecumenic Antonios (1391-1397) a emis al treilea typikon athonit în 1394.

Typikonul lui Antonios a adus schimbări semnificative în viața monahală athonită. Astfel s-a reintrodus modul de viață idioritmic, care permitea monahilor să aibă o oarecare independență financiară și personală, în contrast cu viața chinovială, mai strictă și comunitară.

De asemenea, typikonul a stabilit o ierarhie clară a mănăstirilor, care la acel moment se redusese la 25.

O altă măsură importantă impusă prin acest typikon a fost introducerea unei taxe anuale pentru *protos*, conducătorul administrativ al comunității athonite.

Aceste reglementări au marcat o etapă semnificativă în stabilizarea și reorganizarea vieții monahale pe Muntele Athos, asigurând o mai mare stabilitate și ordine în rândul mănăstirilor.

Prin măsurile adoptate, Patriarhia de Constantinopol a consolidat și controlul său asupra Athosului, reușind să integreze mai strâns acest tărâm monahal în structura sa administrativă și spirituală.

Privind în urmă, perioada aceasta se poate considera ca una crucială pentru Athos, deoarece a fost nevoie de adaptare și reorientare pentru a răspunde noilor realități politice și religioase.

Ultimul typikon emis de un împărat bizantin a fost cel al lui Manuil Palaiologos, care în 1406 a stabilit ca monahii să aibă dreptul de a moșteni și de a transmite altora bunurile acumulate pe parcursul vieții lor.

Acesta a reprezentat o schimbare importantă în tradiția monahală, reflectând adaptarea la noile realități economice și sociale ale epocii.

Typikonul lui Manuil Palaiologos a marcat o etapă de tranziție în reglementările monahale athonite, premergând două typikoane semnificative emise de Patriarhia Ecumenică.

Primul dintre acestea a fost dat de Patriarhul ecumenic Ieremia al II-lea în 1574, urmat de cel de-al șaselea și ultimul

typikon, emis de Patriarhul Gavriil al Constantinopolului
în 1783.

Typikoanele ulterioare au continuat să modeleze și să
rafineze viața monahală pe Muntele Athos, răspunzând la
nevoile în continuă schimbare ale comunității monahale.

În special, typikonul lui Ieremia al II-lea și cel al lui
Gavriil al Constantinopolului au consolidat structura și
practicile monastice, asigurând continuitatea și stabilitatea
vieții monahale într-o perioadă de mari schimbări politice
și sociale.

Aceste documente au fost vitale în menținerea
echilibrului între tradiție și adaptare, permițând Athosului
să își păstreze caracterul unic într-o lume în continuă
transformare.

Crucea athonită și semiluna otomană

Pentru aproape cinci secole, între anii 1430 și 1912,
Muntele Athos a fost sub stăpânire otomană.

Într-un mod paradoxal, pe parcursul acestei perioade,
comunitatea monahală athonită a avut parte de o situație
mai favorabilă decât în timpul ocupației latine.

Perioada a fost marcată de o relativă stabilitate și libertate
pentru călugări, în contrast cu restricțiile și conflictele

experimentate sub dominația latină.

În 1912, chiar înainte de „eliberarea" Athosului, guvernatorul turc al peninsulei a făcut o remarcă semnificativă unui jurnalist: „*Ne vor regreta, domnule. Sub legea noastră ei au rămas la fel de liberi, ba chiar mai liberi decât sub împărații bizantini*".

Acest comentariu subliniază un aspect interesant al

stăpânirii otomane: toleranța și respectul față de autonomia comunității monahale athonite.

În ciuda apartenenței la un imperiu musulman, monahii de pe Athos au reușit să-și păstreze tradițiile religioase și practicile monahale fără interferențe majore.

Perioada în care s-a aflat sub stăpânire otomoană a demonstrat capacitatea Athosului de a naviga și a se adapta în contexte politice și religioase variate, menținându-și autonomia și identitatea spirituală.

Musulmanii au oferit un cadru de libertate neașteptată pentru Sfântul Munte, permițându-i să continue să fie un centru vital al Ortodoxiei Răsăritene.

Această epocă a fost, așadar, una de supraviețuire și adaptare, în care Athosul și-a demonstrat reziliența și flexibilitatea în fața schimbărilor politice și religioase.

După cucerirea Constantinopolului de către turci în 1453, Muntele Athos a devenit un refugiu spiritual semnificativ, în parte datorită statutului special pe care otomanii l-au acordat acestei comunități.

Deși au existat momente de tensiune, cum ar fi represaliile din 1821-1822 în urma revoltei Eteria, în general, otomanii au respectat privilegiile tradiționale ale monahilor athoniți. Cu toate acestea, perioada de respect relativ nu a însemnat că viața monahală a fost lipsită de provocări.

Otomanii au impus taxe și tributuri tot mai grele

comunității monahale, ceea ce a determinat călugării să adopte stilul de viață idioritmic, în care fiecare monah își gestiona propriile resurse financiare și personale.

Schimbarea organizatorică a fost un răspuns la presiunile economice și reprezintă o adaptare la circumstanțele dificile ale vremii.

Perioada cuprinsă între secolele XVI și XVIII poate fi considerată o *„epocă întunecată”* pentru Athos, marcată de dificultăți economice și de presiuni externe.

În ciuda tuturor provocărilor, comunitatea monahală a reușit să supraviețuiască și să-și păstreze tradițiile și practicile spirituale.

Perioada menționată a demonstrat, de asemenea, capacitatea Athosului de a se adapta și a supraviețui într-un mediu politic și economic în schimbare, păstrându-și totodată identitatea și autonomia spirituală.

Introducerea proprietății private pe Muntele Athos nu a avut un impact pozitiv asupra stilului de viață monahal tradițional.

Schimbarea a condus la o scădere spirituală, deoarece călugării au început să se concentreze mai mult pe gestionarea bunurilor materiale decât pe practicile duhovnicești.

Perioada a fost marcată de o tendință de îndepărtare de idealurile ascetice și de contemplație, care au fost esențiale

pentru monahismul athonit.

Cu toate acestea, chiar și în această perioadă mai dificilă, Athosul a continuat să aducă personalități remarcabile în creștinism. Sfinți precum Maxim Grecul (+1550), Akakios Kavsokalivitul (+1730), Kosmas Etolianul (+1779) și Nicodim Aghioritul (+1809), autorul Filocaliei din 1782, au fost luminători spirituali în aceste vremuri. Ei au menținut vie flacăra spiritualității și au contribuit la păstrarea și răspândirea învățăturilor ortodoxe.

În mod special, sfântul Paisie Velicikovski (+1794), care și-a desăvârșit viața spirituală în „*grădina Maicii Domnului*", a avut un rol crucial în revigorarea tradiției isihaste.

El a influențat profund reînnoirea monahismului în

Țările Române și Rusia, demonstrând că, chiar și în perioade de schimbare și provocare, Athosul a rămas un centru vital de spiritualitate și o sursă de inspirație pentru lumea ortodoxă.

Acești sfinți și învățați au reușit să transmită lumina credinței și să mențină vie tradiția isihastă în ciuda dificultăților economice și sociale ale epocii.

ORA BIZANTINĂ

„*Ora Bizantină*" reprezintă un sistem unic de măsurare a timpului care guvernează viața monahală în Sfântul Munte Athos, diferind semnificativ de sistemul temporal civil obișnuit.

Acest sistem particular de măsurare a timpului se bazează pe două elemente cheie:

- utilizarea calendarului iulian, care este cu 13 zile în urma calendarului gregorian modern,

și

- aplicarea așa-numitei „ore bizantine".

Calendarul iulian, mai vechi și tradițional, menține comunitatea monahală într-o conexiune directă cu trecutul său istoric și spiritual.

Pe de altă parte, „ora bizantină" se referă la un sistem de măsurare a timpului care își are rădăcinile în practicile Bizanțului.

În acest sistem, ziua începe la apusul soarelui, nu la miezul nopții, ca în sistemul gregorian.

Astfel, orele din zi variază în lungime pe parcursul anului, adaptându-se la ciclul natural de lumină și întuneric.

Particularitățile ale măsurării timpului pe Muntele Athos nu sunt doar o tradiție, ci și un element esențial al ritmului vieții monahale, care este profund legat de rugăciune și de riturile liturgice.

Sistemul „orei bizantine" permite ca activitățile

religioase și viața de zi cu zi a călugărilor să fie sincronizate cu ritmurile naturale și să rămână fidele tradițiilor lor străvechi, reflectând o perspectivă spirituală asupra timpului și vieții.

Legătura dintre ora bizantină și concepția creștină asupra zilei liturgice este strânsă și semnificativă.

În tradiția creștină, ziua liturgică nu urmează structura

temporală civilă, care începe fie la miezul nopții, fie dimineața, ci adoptă o perspectivă diferită, începând cu seara.

Prin urmare, ziua liturgică este definită ca perioada de timp cuprinsă între două seri consecutive.

Această concepție asupra timpului este profund înrădăcinată în tradițiile biblice și liturgice creștine.

În Biblie, în cartea Genezei, se menționează că *„a fost seară și a fost dimineață"* în descrierea zilelor creației, ceea ce indică faptul că seara precede dimineața în ciclul zilnic.

Prin urmare, ziua liturgică începe cu rugăciunea de seară și se încheie în seara următoare, reflectând acest model biblic.

În Muntele Athos și în alte comunități care urmează ora bizantină, sistemul de măsurare a timpului rezonează cu ritmul și structura vieții monahale, unde activitățile zilnice și rugăciunile sunt organizate în jurul acestui ciclu liturgic.

Această abordare a timpului subliniază un aspect spiritual și sacru, plasând practicile religioase și viața de zi cu zi a călugărilor într-un context care accentuează continuitatea tradițiilor istorice și spirituale ale creștinismului.

Obiceiul de a socoti timpul începând cu seara, cunoscut sub numele de ora bizantină, este moștenit din tradiția iudaică de măsurare a timpului.

Practica este ilustrată în mod clar în descrierea biblică a zidirii lumii, unde zilele creației sunt contorizate începând cu seara și continuând cu dimineața.

Conform orei bizantine, ziua începe la apusul soarelui, care este considerat ora 24. De la acest moment, încep să se numere orele nopții.

Ora bizantină nu este doar o metodă de măsurare a

timpului, ci are și o funcție liturgică importantă, legând ritmul liturgic al slujbelor de ritmul cosmic natural.

Prin sincronizarea slujbelor religioase cu ciclurile naturale ale luminii și întunericului, ora bizantină permite ca practicile de rugăciune și viața monahală să fie mai armonios integrate în ordinea naturală și divină a lumii.

Sistemul acesta subliniază interconexiunea dintre tradiția religioasă, ritmul cosmic și sacralitatea timpului, oferind o dimensiune spirituală profundă măsurării și trăirii timpului în comunitățile monahale care o urmează.

În Sfântul Munte, programul liturgic este adaptat la ora bizantină, oferind o structură unică și specială pentru desfășurarea activităților zilnice și a slujbelor religioase.

Programul zilnic începe la ora 1, când bat clopotele pentru trezire.

În intervalul dintre ora 1 și ora 2, fiecare călugăr își dedică timpul rugăciunii personale și canonului la chilia sa.

Urmează apoi Utrenia și Sfânta Liturghie, care se desfășoară între orele 2 și 5 dimineața.

După aceste slujbe, călugării se retrag la chiliile lor pentru aproximativ două ore de odihnă, înainte de a se reuni pentru diverse activități.

Vecernia este oficiată la ora 4 după-amiaza, urmată de

masa comunitară.

După masă, călugării se adună din nou la biserică pentru slujba Pavecerniței și Acatistul Bunei Vestiri.

Intervalul de odihnă de seară începe de la ora 8 și se încheie la ora 1 noaptea, oferind o perioadă de repaus înainte de a începe un nou ciclu liturgic.

Acest program, care echilibrează perioadele de rugăciune, muncă și odihnă, este esențial pentru viața spirituală și fizică a călugărilor și reflectă un ritm de viață care este în armonie cu ritmurile naturale și cu tradiția monahală ortodoxă.

Pe Muntele Athos, la apusul soarelui, porțile fiecărei mănăstiri mari sunt închise, rămânând astfel până la răsăritul soarelui în ziua următoare.

Această practică este parte integrantă a vieții monahale, reflectând angajamentul călugărilor pentru retragerea spirituală și securitatea comunității.

Cu toate acestea, există o excepție notabilă în cadrul acestui sistem.

Mănăstirea Iviru, una dintre mănăstirile athonite, își stabilește programul liturgic bazat pe răsăritul soarelui, nu pe apus, ca în cazul celorlalte mănăstiri.

Această particularitate subliniază diversitatea practicilor și tradițiilor chiar și în cadrul comunității monahale athonite, reflectând o varietate de abordări și adaptări la ritmul cosmic.

Pentru a facilita orientarea pelerinilor care nu sunt obișnuiți cu ora bizantină, majoritatea mănăstirilor de pe Athos dispun și de ceasuri care afișează timpul civil.

Astfel se demonstrează o recunoaștere a nevoii de a integra vizitatorii în ritmul specific al vieții monahale,

oferindu-le un punct de referință temporal familiar.

Prin această combinație de tradiție și modernitate, Sfântul Munte își menține caracterul unic și sacru, oferind în același timp o punte de legătură cu lumea exterioară.

Datorită variațiilor apusului soarelui pe parcursul anului, ora bizantină, care se bazează pe acest ciclu natural, necesită ajustări constante.

În multe mănăstiri de pe Muntele Athos, ceasul care indică ora bizantină este recalibrat în mod regulat, de obicei în fiecare săptămână, în ziua de duminică.

Recalibrarea săptămânală asigură că ora bizantină rămâne în sincronicitate cu ciclurile naturale ale soarelui.

Variația orei bizantine în raport cu timpul oficial din Grecia (ora civilă) este semnificativă și se schimbă în funcție de sezon.

În timpul verii, când zilele sunt mai lungi, ora 24 bizantină poate corespunde, aproximativ, orei 20 civile.

În schimb, iarna, când zilele sunt mai scurte, aceeași oră bizantină poate corespunde orei 17 civile.

Practica de a ajusta ceasurile în funcție de mișcarea soarelui subliniază angajamentul comunității monahale față de un ritm de viață care respectă ciclurile naturale și care este profund înrădăcinat în tradiția lor spirituală.

Acest sistem temporal distinct demonstrează modul în care Muntele Athos își păstrează tradițiile unice și istorice, în timp ce se adaptează la schimbările ritmului natural al lumii.

CALENDARUL

„stil nou" şi „stil vechi" în calendarul ortodox

Mănăstirile de pe Muntele Athos utilizează calendarul pe „stil vechi", cunoscut ca şi calendarul iulian, care este diferit de calendarul gregorian folosit în majoritatea lumii occidentale.

Acest calendar este un element cheie în reglementarea vieții religioase a credincioșilor ortodocși, deoarece stabilește cadența și ritmul evenimentelor liturgice și sărbătorilor creștine.

Calendarul iulian pe „stil vechi" este folosit de multe Biserici Ortodoxe pentru a determina datele importante ale anului liturgic, inclusiv sărbători precum Paștele și Crăciunul.

Deși este cu 13 zile în urma calendarului gregorian, acesta continuă să fie un instrument esențial pentru menținerea tradițiilor și practicilor liturgice.

Folosirea acestui calendar nu doar că reglementează viața

religioasă, dar și răspunde nevoii de a păstra continuitatea cu trecutul și de a menține o legătură cu rădăcinile istorice și tradiționale ale Bisericii Ortodoxe.

În acest sens, calendarul pe „stil vechi" nu este doar un simplu instrument de măsurare a timpului, ci reprezintă o componentă esențială a identității și spiritualității creștine ortodoxe, influențând profund modul în care credincioșii şi instituţiile biserăceşti îşi măsoară şi îşi trăiesc viaţa în ani, luni, săptămâni şi zile.

Discuţia despre existenţa diferitelor tipuri de calendare în creştinism a devenit relevantă după „reformă gregoriană", implementată în anul 1582.

Această reformă a fost iniţiată de Sinodul de la Trent sub îndrumarea Papei Grigorie al XIII-lea, cu un aport semnificativ din partea astronomului italian Luigi Lilio, cunoscut şi ca Aloisius Lilius.

Reforma calendarului a fost o schimbare majoră, menită să corecteze acumularea de erori din calendarul iulian în ceea ce priveşte calcularea echinocţiului de primăvară şi, prin extensie, data Paştelui.

Corecţiile au fost necesare pentru a realinia calendarul cu ciclurile astronomice şi anotimpurile.

Calendarul rezultat din această reformă a fost denumit „Calendarul gregorian", în onoarea Papei Grigorie al XIII-lea, care a patronat şi susţinut această schimbare.

Adoptarea acestui calendar a fost un proces gradual, începând cu ţările catolice şi răspândindu-se ulterior în multe părţi ale lumii, devenind standardul de timp folosit în majoritatea ţărilor contemporane.

Cu toate acestea, multe Biserici Ortodoxe, inclusiv comunităţile monahale din Sfântul Munte, au continuat să folosească calendarul iulian, păstrând astfel o legătură directă cu tradiția lor istorică și liturgică.

Diferența în calcularea timpului a condus la variabilitate în datările unor sărbători creștine importante, în special Paștele, între Bisericile care urmează calendarul gregorian și cele care mențin calendarul iulian.

După reforma calendarului în 1582, creștinătatea s-a divizat în două grupuri principale în ceea ce privește sistemul de măsurare a timpului.

Bisericile ortodoxe, care au ales să nu adopte reforma gregoriană din secolul al XVI-lea din motive de ordin confesional, au păstrat calendarul iulian neîndreptat.

Acest calendar fusese creat în anul 46 î.Hr. de astronomul alexandrin Sosigene, la solicitarea împăratului Iuliu Cezar, motiv pentru care a primit denumirea de „calendarul iulian”. Începând de atunci, acesta a fost cunoscut și ca „stilul vechi” sau „ortodox”, în contrast cu calendarul gregorian, denumit și „stilul nou” sau „catolic”.

Ulterior, în 1923, Congresul Interortodox de la Constantinopol a recomandat o nouă denumire pentru calendarul îndreptat, și anume „calendarul neo-iulian” sau „constantinopolitan”.

Această denumire reflectă încercările de modernizare și de aliniere la cerințele astronomice precise, păstrând totodată o legătură cu tradiția istorică și liturgică a Bisericii Ortodoxe.

Astfel, diferența dintre „stilul vechi" și „stilul nou" în măsurarea timpului nu este doar o chestiune de calcul calendaristic, ci și una care reflectă diferențe teologice și culturale în cadrul creștinătății.

Acest aspect continuă să influențeze modul în care diferitele biserici creștine marchează sărbătorile și evenimentele importante, reflectând diversitatea și

complexitatea tradițiilor și practicilor religioase în întreaga lume creștină.

Calendarul iulian, în ciuda utilizării sale îndelungate, suferea de un defect originar: o mică discrepanță între anul civil și cel astronomic.

Neconcordanța, inițial nesemnificativă, a devenit tot mai evidentă odată cu trecerea timpului, acumulându-se până la o diferență de aproximativ o zi la fiecare 128 de ani.

Din cauza acestei erori cumulative, încă din secolele al XIII-lea și al XIV-lea, au existat discuții privind necesitatea unei reforme a calendarului, atât în lumea occidentală, cât și în cea orientală.

Printre cei care au abordat această problemă se numără figuri istorice precum Roger Bacon, Nichifor Gregoras, Isaac Arghiros, Gheorghe Ghemist Platon și Nicolae Cusanus.

Îndreptarea calendarului iulian prin reforma gregoriană nu a implicat o schimbare completă a sistemului, ci mai degrabă o ajustare pentru a corecta această eroare.

Această reformă, inițiată în secolul al XVI-lea și aplicată treptat pe parcursul secolelor XVI-XVIII, a fost adoptată de toate Bisericile și statele catolice și protestante din Occident.

Reforma a avut ca scop alinierea calendarului cu ciclurile astronomice reale și a reprezentat un efort semnificativ de modernizare a măsurării timpului.

Cu toate acestea, multe Biserici Ortodoxe, inclusiv cele de pe Muntele Athos, au ales să păstreze calendarul iulian neîndreptat, pe „stil vechi".

Decizia reflectă dorința acestor comunități de a menține tradițiile și practicile liturgice istorice, precum și o anumită rezistență față de schimbările impuse din exterior.

Prin urmare, diviziunea calendaristică între „stilul vechi" și „stilul nou" continuă să fie un aspect important al diversității practice și teologice în cadrul creștinătății.

Introducerea calendarului îndreptat (gregorian) în viața civilă a statelor populate majoritar de popoare ortodoxe a generat o presiune semnificativă pentru uniformizarea calendarului în toate domeniile vieții publice.

Acest context a impulsionat Bisericile ortodoxe să reflecteze asupra posibilității de îndreptare a propriului lor calendar religios.

Necesitatea unei astfel de schimbări a fost determinată de dorința de a sincroniza calendarul bisericesc cu cel civil, pentru a ușura traiul zilnic al credincioșilor și pentru a facilita colaborarea cu instituții seculare.

Problema a fost abordată în mod specific în cadrul Congresului interortodox de la Constantinopol din anul 1923, unde reprezentanții Bisericilor Ortodoxe au discutat și au luat în considerare eliminarea diferenței de 13 zile dintre calendarul iulian tradițional și calendarul gregorian îndreptat.

Decizia ar fi avut ca rezultat alinierea mai strânsă a calendarului bisericesc ortodox cu calendarul civil utilizat la nivel global, facilitând astfel viața cotidiană a credincioșilor și integrarea mai eficientă a Bisericilor Ortodoxe în contextul internațional.

Propunerea de îndreptare a calendarului a fost primită cu reacții mixte în cadrul comunităților ortodoxe.

În timp ce unele Biserici Ortodoxe au adoptat calendarul neo-iulian, altele, inclusiv multe mănăstiri din Sfântul Munte, au ales să păstreze calendarul iulian neîndreptat.

Acest aspect a dus la continuarea diversității în modul de calcul al sărbătorilor religioase și a subliniat complexitatea

și pluralismul în cadrul ortodoxiei în ceea ce privește adaptarea la schimbările moderne.

Reforma calendarului din 1923, care a introdus calendarul „neo-iulian" sau „constantinopolitan", a adus o precizie semnificativă în calculul timpului, asigurând exactitatea acestuia pentru aproximativ 44.000 de ani. Această reformă a fost un pas major în încercarea de a alinia calendarul bisericesc ortodox cu cerințele astronomice și cu calendarul civil contemporan.

Unul dintre aspectele importante ale acestui calendar reformat este că majoritatea sărbătorilor împărătești, festivităților și zilelor dedicate sfinților rămân aceleași ca în calendarul pe stil vechi, dar sunt marcate cu o diferență de 13 zile.

Astfel, deși sărbătorile sunt aceleași în esență, data la care sunt celebrate diferă în funcție de calendarul folosit, fie că este vorba de stilul nou sau de cel vechi.

Chiar și în Biserica Ortodoxă care folosește stilul nou, sărbătorile cu dată variabilă, care sunt legate de Paști, sunt calculate în continuare conform calendarului iulian neîndreptat, ceea ce înseamnă că, în ciuda adoptării calendarului neo-iulian pentru majoritatea sărbătorilor fixe, datele Paștelui și ale sărbătorilor conexe sunt stabilite în acord cu tradiția veche.

Abordarea reflectă un compromis între dorința de

modernizare și nevoia de a păstra legătura cu tradițiile liturgice și spirituale ale Bisericii Ortodoxe, demonstrând modul în care aceste comunități navighează între respectarea moștenirii lor și adaptarea la un context global în schimbare.

Poziţia Bisericii Ortodoxe faţă de reformă

Adepții păstrării calendarului iulian pe „stil vechi" își justifică alegerea prin mai multe argumente, fundamentate în istorie, tradiție și teologie.

În secolele XVII-XIX, patriarhii Bisericii Ortodoxe Răsăritene s-au reunit în diverse sinoade, unde au condamnat și anatemizat reforma calendarului inițiată de Biserica Catolică, cunoscută sub numele de reformă gregoriană.

Pentru clarificarea acestei chestiuni de doctrină sau de actualitate, Sinoadele au transmis scrisori oficiale trimise către ortodocșii din toate țările, prin care îndemnau și impulsionau credincioșii să se opună acestei reforme, considerând-o ca fiind în contradicție cu învățătura neschimbătoare a Bisericii.

Unul dintre argumentele principale ale adepților calendarului pe stil vechi este respectul față de tradiția bisericească și față de deciziile sinoadelor ecumenice, care au stabilit regulile pentru calcularea datei Paștelui și alte sărbători importante.

Reforma gregoriană a fost percepută ca o abatere de la aceste hotărâri tradiționale și ca o inovație impusă de o autoritate externă, Papa, care nu avea jurisdicție asupra Bisericii Ortodoxe.

De asemenea, păstrarea calendarului iulian era văzută

ca o expresie a identității ortodoxe și a continuității istorice. Într-o lume în schimbare rapidă, menținerea acestui calendar simbolizează stabilitatea și permanența învățăturilor și practicilor ortodoxe.

În plus, există și o dimensiune ecumenică a acestei probleme. Unii ortodocși consideră că adoptarea calendarului gregorian ar fi un pas spre acceptarea primatului Papei, o idee respinsă de teologia ortodoxă.

Astfel, păstrarea calendarului iulian pe stil vechi este și o afirmare a autonomiei și independenței Bisericii Ortodoxe față de influențele externe, în special cele catolice.

În concluzie, opoziția față de reforma calendarului nu este doar o chestiune de preferință pentru un sistem de măsurare a timpului, ci și o poziție teologică și culturală profundă, care reflectă dorința de a păstra identitatea unică și tradițiile Bisericii Ortodoxe.

De-a lungul secolului XIX și începutul secolului XX, poziția oficială a unor figuri proeminente din cadrul Bisericii Ortodoxe față de problema calendarului a fost una de rezistență fermă împotriva oricăror schimbări.

În 1827, Patriarhul Agatanghel al Constantinopolului a emis o interdicție clară împotriva oricărei „corectări" a calendarului bisericesc.

Mai târziu, în 1895, Patriarhul Antim al VII-lea al Constantinopolului a mers chiar mai departe, interzicând chiar și discuțiile despre problema calendarului, reflectând astfel o poziție conservatoare fermă în această privință.

La începutul secolului XX, mai multe Biserici Ortodoxe, inclusiv Patriarhia Ierusalimului și Bisericile din Rusia, Grecia, Serbia, România și Muntenegru, au evaluat independent situația și au ajuns la concluzia că adoptarea calendarului gregorian ar avea un impact negativ asupra credinței ortodoxe.

Poziția comună a subliniat o preocupare larg răspândită că schimbarea calendarului ar putea conduce la alterarea sau compromiterea tradițiilor și practicilor liturgice stabilite.

Cu toate acestea, chiar în cadrul Bisericilor Ortodoxe, au început să apară voci și ierarhi care susțineau reforma calendarului.

Această divizare de opinii reflectă tensiunile dintre traditionalism și modernizare în Biserica Ortodoxă. Pe de o parte, exista o dorință puternică de a păstra tradițiile și practicile neschimbate, în timp ce pe de altă parte, exista o recunoaștere a nevoii de a se adapta la un context global în schimbare și de a facilita comunicarea și colaborarea cu alte denominații creștine și cu lumea seculară.

Dezbaterea internă în cadrul Bisericii Ortodoxe despre calendar a fost un exemplu de cum instituțiile religioase se confruntă cu provocarea de a echilibra respectul pentru tradiție cu necesitatea de a răspunde unui mediu în continuă evoluție.

Calendarul Creştin Ortodox

Calendarul creștin, așa cum îl cunoaștem astăzi, este rezultatul unei evoluții istorice complexe, care a început cu moștenirea calendarului roman, elaborat de faimosul

astronom alexandrin Sosigene.

Acest calendar inițial păgân a fost adaptat și transformat de comunitatea creștină timpurie pentru a include sărbătorile și evenimentele specifice creștinismului.

Unul dintre elementele distinctive ale calendarului creștin este adoptarea sistemului de împărțire a timpului în săptămâni de câte șapte zile, moștenit de la tradiția evreiască și a înlocuit sistemul roman anterior de octadă, care împărțea timpul în perioade de opt zile.

Prin această schimbare, creștinii au aliniat calendarul lor mai strâns cu ciclul săptămânal al zilei de Sabat, care avea o semnificație profundă în tradiția iudaică și care a fost adaptată în creștinism ca ziua Domnului, duminica.

De asemenea, calendarul creștin a abandonat sistemul roman de numerotare inversă a zilelor lunii, care era bazat pe diviziuni cunoscute sub numele de calende, ide și none.

În schimb, calendarul creștin a adoptat o numerotare mai liniară și simplificată a zilelor, ceea ce a facilitat urmărirea sărbătorilor și evenimentelor liturgice.

În esență, calendarul creștin reprezintă o sinteză între tradițiile culturale și religioase ale lumii antice, adaptând și integrând elemente din diferite surse pentru a crea un sistem de măsurare a timpului care să fie în armonie cu învățăturile și practicile creștine.

Procesul de adaptare și evoluție a calendarului reflectă

modul în care creştinismul, în primele sale secole, a interacţionat cu şi a influenţat cultura şi societatea înconjurătoare, integrând tradiţii existente şi conferindu-le un nou sens în contextul credinţei creştine.

Principalul factor care diferenţiază aceste două calendare este data la care sunt celebrate sărbătorile fixe şi cele variabile.

În cazul Bisericii Ortodoxe care urmează stilul nou, praznicele importante şi sărbătorile sfinţilor cu dată fixă sunt celebrate cu 13 zile mai devreme decât în calendarul pe stil vechi.

Aceasta se datorează reformei calendarului realizată la Constantinopol în 1923, cunoscută ca reforma calendarului neo-iulian, care a introdus ajustări pentru a corecta decalajul temporal acumulat de-a lungul secolelor în calendarul iulian tradiţional.

Cu toate acestea, sărbătorile cu dată schimbătoare legate de Paşti sunt calculate în continuare conform calendarului iulian neîndreptat, chiar şi de către Bisericile care urmează stilul nou.

În timp ce sărbătorile fixe sunt celebrate mai devreme, data Paştelui şi a sărbătorilor asociate cu acesta este calculată folosind aceleaşi principii tradiţionale, deşi data efectivă poate varia între cele două stiluri.

Prin urmare, deşi ambele calendare conţin aceleaşi

sărbători și sfinți, momentul exact al celebrării acestora diferă în funcție de stilul calendarului folosit. Această situație reflectă eforturile Bisericii Ortodoxe de a menține o legătură cu tradițiile sale, în timp ce încorporează și anumite elemente de modernizare și ajustare la contextul actual.

În ceea ce privește stabilirea datei Paștelui, considerată

cea mai mare sărbătoare creștină, Bisericile Ortodoxe care au adoptat calendarul neo-iulian sau îndreptat au convenit, începând cu anul 1927, să serbeze această sărbătoare conform Pascaliei stilului vechi.

Decizia reprezintă un consens general între Bisericile Ortodoxe, indiferent de calendarul pe care l-au ales.

Prin urmare, chiar și Bisericile care au trecut la calendarul neo-iulian pentru sărbătorile cu dată fixă, mențin tradiția de a calcula data Paștelui conform regulilor stabilite în calendarul iulian neîndreptat.

Astfel, Bisericile Ortodoxe, indiferent de stilul calendarului adoptat, serbează Paștele în același timp, păstrând astfel unitatea în ceea ce privește această sărbătoare centrală a creștinismului ortodox.

Abordarea reflectă un compromis între dorința de modernizare și nevoia de a menține unitatea liturgică și tradițională în cadrul Ortodoxiei. Alegerea de a păstra un sistem comun de calculare a Paștelui demonstrează recunoașterea importanței acestei sărbători ca punct central al anului liturgic ortodox și dorința de a menține o continuitate și o coeziune între diversele Biserici Ortodoxe, în ciuda diferențelor în alte aspecte ale calendarului.

Adoptarea diferitelor stiluri de calendar în cadrul Bisericii Ortodoxe a generat de-a lungul timpului numeroase dezbateri, opinii și polemici cu privire la care abordare este mai aproape de „adevăr".

În centrul acestei discuții se află modul de calculare a datei Paștelui, principala sărbătoare a Ortodoxiei, care a rămas ancorată în calendarul iulian neîndreptat sau „pe stil vechi", așa cum se observă în practicile monahale de pe Muntele Athos.

Conversațiile cu călugării care trăiesc în Sfântul Munte Athos, precum și informațiile disponibile în spațiul public, indică faptul că una dintre principalele motivații pentru păstrarea calendarului iulian este legată de importanța tradiției în stabilirea datei Paștelui.

În ciuda adopției calendarului neo-iulian sau îndreptat de către unele Biserici Ortodoxe pentru sărbătorile cu dată fixă, Paștele continuă să fie calculat conform vechiului sistem, demonstrând astfel o legătură profundă cu tradiția și un respect pentru continuitatea istorică.

Decizia de a păstra calendarul iulian pentru calcularea Paștelui reflectă o dorință puternică de a menține o coerență și unitate în celebrarea celei mai importante sărbători a creștinismului ortodox.

Deși există argumente în favoarea modernizării și alinierii cu practicile seculare, mulți ortodocși consideră că menținerea legăturii cu tradițiile stabilite este esențială pentru păstrarea identității lor religioase și a continuității credinței lor.

În concluzie, deși există diverse opinii și abordări în cadrul Ortodoxiei cu privire la calendar, respectarea calendarului iulian pe stil vechi pentru Paște subliniază angajamentul față de tradiție și față de importanța acestei sărbători ca fundament al credinței și practicii ortodoxe.

ORTODOXIE SAU MOARTE

PERIOADA 1924 – 1927

În anul 1924, un moment semnificativ a marcat Biserica Ortodoxă: Patriarhia de la Constantinopol a decis să adopte calendarul gregorian, cunoscut și ca calendarul nou. Această schimbare nu a fost primită uniform, declanșând reacții diverse în rândul comunităților ortodoxe.

O poziție remarcabilă a fost adoptată de Comunitatea Monahală a Sfântului Munte Athos, cunoscută și sub numele de Sfânta Chinotită. În semn de protest față de această schimbare, comunitatea a decis să întrerupă comuniunea ecleziastică cu Patriarhia de Constantinopol.

Ei au încetat să-l mai pomenească pe Patriarh în slujbele lor liturgice, marcând astfel o ruptură semnificativă.

Excepția notabilă a fost mănăstirea Vatopedu, care a ales să adopte noul calendar, practicându-l până în anul 1971.

Această decizie individuală a arătat diversitatea de opinii și libertatea de alegere în cadrul comunității monahale.

În 1927, s-a ajuns la un compromis între Patriarhia de la

Constantinopol și conducătorii Sfântului Munte.

A fost acceptată ideea pomenirii Patriarhului în slujbe, dar cu o condiție semnificativă: convocarea unui sinod ecumenic care să discute și să decidă asupra oportunității adoptării sau respingerii noului calendar.

ANUL 1965

În anul 1965, un moment istoric a marcat relațiile dintre Biserica Ortodoxă și cea Catolică: Patriarhia de la Constantinopol a decis să ridice *anathema* (blestemul) care fusese pusă împotriva Bisericii Catolice de la Roma. Această decizie semnificativă a fost un pas important spre reconcilierea dintre cele două biserici, marcând o deschidere către dialog și înțelegere reciprocă după secole de separare.

Mișcarea ecumenică nu a fost însă primită uniform în rândul tuturor comunităților ortodoxe. Mănăstirile Muntelui Athos, cunoscute pentru conservatorismul lor, au reacționat prin întreruperea comuniunii cu Patriarhul Ortodox Atenagoras din Constantinopol. Au considerat că ridicarea anathemei contravine tradițiilor și doctrinelor ortodoxe pe care le-au urmat de secole.

În consecință, multe mănăstiri de pe Muntele Athos au încetat să-l mai pomenească pe Patriarh în slujbele lor liturgice.

Decizia luată în anul 1965 de Patriarhia de la Constantinopol de a ridica anathema asupra Bisericii Catolice a avut repercusiuni semnificative în rândul comunității monahale de pe Muntele Athos.

Doi dintre cei mai vocali critici ai acestei mișcări ecumenice au fost stareții Andrei și Evdochim, de la mănăstirile Sfântul Pavel și Xenofont. Aceștia, ca urmare a protestului lor și a deciziei de nesupunere, au fost în cele din urmă înlocuiți și expulzați din Sfântul Munte, un loc unde slujiseră cu devotament pentru mulți ani.

Acțiunea a fost percepută ca o intervenție directă a Patriarhiei de la Constantinopol, care a exercitat presiuni asupra mănăstirilor Athosului pentru a-și impune autoritatea și liniile directoare ecumenice.

PERIOADA 1971 – 1974

În 1971, în contextul acestor tensiuni, un consiliu extraordinar al Sfântului Munte a fost convocat, cu reprezentanți din toate cele 20 de mănăstiri.

În urma deliberărilor, s-a ajuns la decizia că fiecare mănăstire are dreptul să decidă, conform propriei conștiințe, dacă va pomeni sau nu numele Patriarhului Ortodox din Constantinopol în cadrul slujbelor.

Decizia a reprezentat o abordare pragmatică și flexibilă, respectând autonomia fiecărei mănăstiri în alegerea modului de a practica credința ortodoxă.

În anul 1972, ca o reacție la evenimentul semnificativ al rugăciunii comune între Patriarhul Atenagoras din Constantinopol și Papă, mănăstirea Esfigmenu a manifestat o opoziție vizibilă și simbolică.

Steaguri negre, pe care erau inscripționate cuvintele *„Ortodoxie sau Moarte!"* în limba greacă, au fost înălțate pe zidurile mănăstirii.

Gestul dramatic a reprezentat un simbol puternic al rezistenței și al angajamentului neclintit al mănăstirii față de tradițiile și doctrinele stricte ale Ortodoxiei. Steagurile negre au devenit un simbol vizual al opoziției față de mișcările ecumenice care, în opinia lor, compromiteau puritatea credinței ortodoxe.

Mănăstirea Esfigmenu, prin protestul său, a subliniat adâncimea sentimentelor și a convingerilor care animă viața monahală pe Muntele Athos, o comunitate dedicată păstrării unei tradiții religioase străvechi în fața presiunilor moderne.

În 1974, conflictul dintre Patriarhia de la Constantinopol și mănăstirea Esfigmenu de pe Muntele Athos a atins un

punct culminant.

Starețul mănăstirii Esfigmenu și trei alți monahi au fost condamnați la expulzare din comunitatea monahală de către Sfânta Chinotită, autoritatea administrativă supremă a Muntelui Athos. Decizia a fost luată sub influența directă a Patriarhiei constantinopolitane, reflectând tensiunile în creștere între conducerea bisericească și unele mănăstiri athonite.

În ciuda ordinului de expulzare, monahii vizați au refuzat să se conformeze și să părăsească mănăstirea.

Ca răspuns, autoritățile grecești au impus o blocadă asupra mănăstirii, atât pe cale maritimă, cât și terestră, în încercarea de a forța evacuarea monahilor. Această acțiune a escaladat conflictul, transformându-l într-o confruntare deschisă între mănăstire și statul grec, care a durat aproximativ patru luni.

În semn de protest și rezistență, monahii de la Esfigmenu au ridicat din nou steagul cu inscripția „*Ortodoxie sau Moarte!*" pe turnurile mănăstirii.

Acțiunea simbolică a subliniat hotărârea lor de a păstra nealterate tradițiile și credința ortodoxă, chiar și în fața amenințărilor și presiunilor exterioare. Steagul a devenit un simbol puternic al luptei lor pentru autonomie și integritate religioasă, reflectând profundele diviziuni în cadrul Ortodoxiei și complexitatea relațiilor dintre biserica ortodoxă și autoritățile statului.

Acest episod a evidențiat dificultățile inerente în gestionarea echilibrului între autoritatea bisericească și autonomia monastică, subliniind în același timp importanța dialogului și toleranței în cadrul unei comunități religioase diverse. Conflictul dintre mănăstirea Esfigmenu și Patriarhia de la Constantinopol a rămas

un caz emblematic în istoria recentă a Muntelui Athos, ilustrând tensiunile dintre tradiție și modernitate în lumea ortodoxă contemporană.

PERIOADA 1992 – 1994

În mai 1992, un incident tensionat a avut loc pe Muntele Athos, implicând expulzarea cu forța a monahilor ruși de la schitul Sfântul Ilie.

Acțiunea a fost executată de poliția greacă înarmată, sub directiva Patriarhiei de la Constantinopol.

Situația a fost complicată de faptul că monahii ruși nu menționau numele patriarhilor de la Constantinopol în slujbele lor din anul 1950, din cauza poziției lor ecumeniste declarate. În plus, schitul Sfântului Ilie era, în mod legal, proprietatea Bisericii Ruse din afara granițelor, ceea ce a adăugat un strat suplimentar de complexitate juridică și diplomatică la conflict.

În decembrie 1993, Sfânta Chinotită a Muntelui Athos a trimis o scrisoare de protest Patriarhiei din Constantinopol, exprimându-și nemulțumirea față de Acordul de la Balamond. Acest acord controversat a fost interpretat de mulți monahi athoniți ca un pas spre recunoașterea reciprocă între Biserica Ortodoxă și Biserica Catolică, ceea ce a stârnit îngrijorări profunde cu privire la puritatea doctrinală și independența Bisericii Ortodoxe.

Reacția Patriarhului Bartolomeu a fost una severă. El a excomunicat câțiva stareți și a impus pedepse aspre altor monahi implicați în protest. Măsurile punitive au intensificat tensiunile dintre Patriarhia de la Constantinopol și unele segmente ale comunității monahale de pe Muntele Athos.

Presiunea continuă exercitată asupra monahilor revoltați a dus la redactarea unei scrisori în mai 1994, în

care aceștia cereau iertare pentru acțiunile lor. Gestul a reflectat complexitatea relațiilor dintre diferitele grupuri și autorități din cadrul Ortodoxiei, ilustrând dificultățile de a menține unitatea în fața unor subiecte controversate.

Aceste evenimente subliniază provocările cu care se confruntă Biserica Ortodoxă într-o lume în continuă schimbare și nevoia de echilibru între tradiție și adaptare.

De asemenea, ele reflectă tensiunile interne și luptele pentru putere care pot apărea în orice instituție religioasă mare și istorică.

PERIOADA 2002 - 2003

În noiembrie 2002, situația de pe Muntele Athos a cunoscut un nou punct de tensiune când Sfânta Chinotită a convocat monahii intransigenți de la Mănăstirea Esfigmenu în fața unui tribunal ecleziastic.

Decizia a fost răspunsul la o serie de acțiuni și poziții contestatare ale călugărilor, care au fost acuzați pe baza a 88 de capete de acuzare, reflectând o diversitate largă de încălcări ale disciplinei monahale și ale canoanelor bisericești.

Monahii de la Esfigmenu nu s-au prezentat la acest tribunal, optând în schimb să trimită o scrisoare de răspuns în care respingeau acuzațiile ca fiind nefondate și nelegitime. Răspunsul lor a fost unul ferm și categoric, marcând o diviziune clară între ei și autoritățile bisericești.

În urma acestui refuz, Sfânta Chinotită a luat decizia radicală de a declara obștea monahală de la Esfigmenu ca fiind nelegală.

De asemenea, au impus o dată limită - 8 ianuarie 2003 - pentru ca monahii considerați ireverențioși să părăsească mănăstirea.

Cerința a fost, de asemenea, ignorată de călugări, care au ales să rămână în mănăstirea lor, în ciuda presiunilor externe.

În contextul acestui refuz continuu, poliția greacă a intervenit, asediind mănăstirea.

Asediul a reprezentat un moment critic, subliniind escaladarea tensiunilor și conflictului între comunitatea

monahală și autoritățile bisericești și statale.

Situația de la Esfigmenu a devenit un simbol al rezistenței în fața schimbărilor și a presiunilor externe, precum și un punct de foc în cadrul dezbaterilor mai largi despre autonomia și identitatea monastică pe Muntele Athos.

În februarie 2003, tragedia a lovit comunitatea monahală a Mănăstirii Esfigmenu atunci când un tânăr monah a pierit într-un accident de tractor. Incidentul s-a produs în timp ce călugărul încerca să aducă tractorul înapoi la mănăstire, sub acoperirea întunericului.

Acest eveniment tragic a adăugat un nou strat de durere și complexitate situației deja tensionate din mănăstire.

În martie 2003, în urma unei serii de proteste și manifestații de solidaritate cu monahii de la Mănăstirea Esfigmenu, Consiliul de Stat al Greciei a ordonat ridicarea blocadei impuse asupra mănăstirii.

Decizia a venit ca un răspuns la presiunile publice și la creșterea tensiunilor, marcând un moment semnificativ în conflictul în desfășurare.

Cu toate acestea, măsurile împotriva monahilor de la Esfigmenu, considerați de mulți ca fiind rebeli, nu s-au oprit.

ANUL 2005

În 2005, Patriarhul Bartolomeu al Constantinopolului a luat o măsură fără precedent, stabilind ad-hoc o nouă obște monahală cu scopul de a prelua controlul asupra tuturor bunurilor Mănăstirii Esfigmenu, inclusiv conturile bancare și proprietățile, inclusiv ambarcațiunea motorizată cu care călugării mergeau la pescuit pe mare.

În octombrie 2005, în ciuda ridicării anterioare a blocadei, situația a regresat. Blocada, atât maritimă, cât și terestră, a fost reinstituită, ceea ce a dus la o izolare și mai mare a mănăstirii. Această măsură a fost văzută ca un efort de a intensifica presiunile asupra monahilor și de a-i forța să cedeze în fața autorităților bisericești.

Astfel, situația de la Mănăstirea Esfigmenu a continuat să fie una dintre cele mai complicate și conflictuale episoade din istoria recentă a Muntelui Athos, punând în lumină disputele teologice și administrative complexe care pot apărea în cadrul comunităților monahale.

Potrivit informațiilor publicate de Agenția de Presă Altermedia, situația de la Mănăstirea Esfigmenu a devenit și mai critică pe 12 octombrie, când au fost întrerupte liniile telefonice, într-un efort evident de a izola monahii și de a le tăia orice formă de comunicare cu lumea exterioară. Această acțiune a fost un pas semnificativ în escaladarea tensiunilor, limitând capacitatea monahilor de a-și exprima

punctele de vedere sau de a solicita ajutor.

În aceeași zi, vehiculul folosit pentru transportul de alimente, medicamente și combustibil pentru încălzire care venea de la Kareya a fost confiscat. Această măsură a adăugat un alt nivel de presiune asupra mănăstirii, întrucât a restricționat accesul la resurse esențiale pentru supraviețuirea zilnică a călugărilor.

Conflictul dintre călugării de la Esfigmenu și Patriarhul Ecumenic Bartolomeu al Constantinopolului a escaladat, având la bază dezaprobarea politicii patriarhului de către monahi. Patriarhul, în încercarea sa de a suprima orice opoziție, a ordonat poliției grecești să instituie o blocadă asupra mănăstirii, creând astfel condiții care amenințau sănătatea și chiar viețile călugărilor.

Situația a devenit de-a dreptul dramatică atunci când vizitele cadrelor medicale au fost interzise, lăsând comunitatea monahală fără acces la îngrijiri medicale esențiale.

Din nefericire, această situație gravă a dus la moartea a patru călugări, un eveniment tragic care a subliniat gravitatea condițiilor impuse mănăstirii.

Criza de la Mănăstirea Esfigmenu reflectă un conflict profund între autoritatea ecleziastică și autonomia monahală, ridicând întrebări serioase despre limita influenței și controlului în cadrul comunităților monahale și despre modul în care disputele teologice și politice pot avea consecințe reale și dureroase.

„Călugării noștri nu se mai pot ruga în pace dacă nu accepta vederile politice și religioase ale patriarhului, care le tulbură conștiința. Patriarhul nu admite niciun dialog", a afirmat pentru agenția de presă starețul Methodios.

„Alegem să devenim călugări ca să ne izolăm de căile

lumii şi de politica zilelor noastre; să ne dedicăm viaţa rugăciunii pentru mântuirea noastră şi a umanităţii. Ce se întâmplă aici este înfiorător. Este o privire necenzurată în mecanismele interioare ale ierarhiei bisericii moderne şi în tacticile inconştiente, care violează însăşi esenţa creştinismului." a mai precizat stareţul mănăstirii Esfigmenu.

În octombrie 2006, un eveniment neobișnuit a avut loc în contextul tensiunilor crescânde de la Mănăstirea Esfigmenu: un tribunal civil grec, nu unul ecleziastic ortodox, a emis o sentință împotriva monahilor „rebeli", condamnându-i la doi ani de închisoare. Sentința a fost dată pentru *„ocuparea ilegală"* a mănăstirii și *„tulburarea liniștii publice"*, o decizie care reflectă complexitatea situației și implicarea autorităților civile într-un conflict de natură în esență religioasă și administrativă.

Monahii, cetățeni ai Uniunii Europene, s-au adresat Consiliului de Stat, instanța supremă a Greciei, făcând apel la ordinul de evacuare.

Într-o încercare de a soluționa acest conflict, Consiliul de Stat a stabilit că nu deține jurisdicția necesară pentru a decide dacă Esfigmenu este sau nu o mănăstire schismatică, așa cum acuza patriarhul.

Curtea a concluzionat că, în conformitate cu Constituția Greciei, patriarhul posedă „autoritatea spirituală" asupra comunității monastice semi-autonome de la Muntele Athos, subliniind că astfel de dispute religioase sunt în afara domeniului său de competență juridică.

Cu toate acestea, se remarcă un aspect interesant: Patriarhul Bartolomeu, cetățean turc, nu deține autoritate legală asupra peninsulei unde se află Muntele Athos,

subliniind astfel complexitatea și sensibilitatea situației.

Deși Muntele Athos funcționează sub o anumită autonomie și este supus autorității spirituale a Patriarhiei Ecumenice, fiecare mănăstire de pe Muntele Athos funcționează ca o entitate separată și independentă, cu propriile sale reguli și administrare. Această structură unică a contribuit la dificultățile de rezolvare a disputei dintre mănăstirea Esfigmenu și Patriarhia Ecumenică, evidențiind complexitatea și delicatețea relațiilor dintre autoritatea religioasă și cea civilă, precum și între diferitele comunități monahale.

La data de 20 decembrie 2006, Muntele Athos a fost scena unui incident tulburător, care a stârnit vaste controverse.

Membrii unei obști monahale, constituită în mod special de Patriarhul Ecumenic de Constantinopol, au efectuat un atac surprinzător și violent asupra birourilor Mănăstirii Esfigmenu situate în Kareya, capitala administrativă a Sfântului Munte Athos. Acest atac, petrecut în timpul nopții și implicând folosirea unor instrumente precum bare metalice și topoare, a avut loc în timp ce călugării se aflau în repaus. Incidentul s-a soldat cu rănirea gravă a patru monahi, dintre care unul a suferit o fractură craniană severă, ilustrând nivelul de violență și gravitatea situației.

În urma acestui eveniment, o campanie mediatică intensă a avut loc, mobilizând sprijin pentru călugării de la Esfigmenu și atrăgând atenția publicului asupra gravității conflictului.

Datorită acestei presiuni publice și mediatice, Guvernul grec a intervenit cu prudență, anulând operațiunile de expulzare ordonate de tribunal.

Cu toate acestea, blocada impusă mănăstirii, atât pe uscat cât și pe mare, a continuat să persiste, menținând un

climat de tensiune și incertitudine.

Evenimentele au accentuat complexitatea relațiilor dintre diferitele autorități religioase și civile și au scos în evidență divergențele profunde din interiorul comunității monahale athonite.

Incidentul de la Mănăstirea Esfigmenu nu a fost doar o dispută internă, ci a devenit un simbol al tensiunilor dintre tradiționalism și modernism în lumea ortodoxă, precum și al influenței pe care politicile ecumenice le pot avea asupra comunităților monahale izolate. Totodată, a ridicat întrebări importante privind drepturile și autonomia mănăstirilor din Muntele Athos, un loc cu o importanță spirituală deosebită pentru credincioșii ortodocși din întreaga lume.

La data de 30 decembrie 2006, în urma vizitei Papei

la Patriarhia Ortodoxă din Constantinopol, comunitatea monahală a Muntelui Athos a răspuns cu un gest semnificativ.

Toate cele 20 de mănăstiri athonite, împreună cu obștea înființată special de Patriarh, au emis public un comunicat în care condamnă ferm ecumenismul. Această mișcare, care a avut loc sub presiunea intensă a credincioșilor ortodocși greci și a altor grupuri, a subliniat hotărârea obștii monahale a Muntelui Athos de a reveni la decizia dublă adoptată în 1980 de Sfânta Chinotită, decizie care prevedea încetarea pomenirii numelui Patriarhului în cadrul slujbelor religioase.

Gestul reflectă o poziție fermă împotriva ecumenismului și o dorință de a menține tradițiile și practicile proprii ale Ortodoxiei.

Pe 31 decembrie 2006, Patriarhia Moscovei, rivală tradițională a Patriarhiei din Constantinopol în ceea ce privește poziția de principală Biserică Ortodoxă, a intervenit în această situație tensionată.

Mitropolitul Kiril de Smolensk, reprezentant al Patriarhiei Moscovei, a îndemnat Patriarhia de pe malurile Bosforului să abordeze problemele monahale de la Esfigmenu fără a recurge la forță. Acest apel la moderație și la dialog din partea Patriarhiei Moscovei a subliniat încă o dată complexitatea relațiilor dintre diferitele jurisdicții ortodoxe și a evidențiat necesitatea unei abordări mai pașnice și mai înțelepte în rezolvarea disputelor interne. Această poziție a fost un efort de a păstra unitatea și armonia în cadrul Ortodoxiei, în ciuda diferențelor teologice și politice existente între diferitele patriarhii.

ANUL 2013

Pe 29 iulie 2013, un incident grav a avut loc la sediul administrativ al Mănăstirii Esfigmenu din Kareya.

Executorii judecătorești, veniți să execute hotărârea de evacuare a călugărilor considerați schismatici, au fost întâmpinați cu o rezistență violentă.

Călugării au răspuns prin aruncarea a trei cocktail-uri Molotov și un dispozitiv exploziv, manifestându-și hotărârea de a nu părăsi mânăstirea.

Unul dintre călugări, într-o declarație emoționantă citată de Associated Press, a afirmat: „*Mănăstirea Esfigmenu este casa noastră; vom muri acolo*".

În această atmosferă încordată, noua obște a Mănăstirii Esfigmenu, înființată în 2005, a emis o declarație care punea accent pe distincția între mărturisirea de credință și recurgerea la acte de violență.

Declarația sublinia: „*Decizia instanțelor, care este executorie și imediată, pentru ambii acuzați, este de măsura bunului simț. Și anume că un lucru este mărturisirea de credință și un altul este utilizarea explozivilor și comiterea infracțiunilor grave. Dezacordurile spirituale și alte negări ale regulilor Sfântului Munte și statul sunt un alt lucru.”*

Noua obște de la mănăstirea Esfigmenu a continuat mesajul către vechea obște:

„Obștea și conducerea mănăstirii sunt dispuse să îmbrățișeze orice frate care ar veni cu intenții bune

și de a face toate eforturile pentru împăcare. Cu toții putem contribui cu calm și fără fanatism pentru a pune capăt ocupației persistente și inutile, fără niciun rezultat constructiv, a spațiilor mănăstirii."

Declarația evidențiază o dilemă profundă cu care se confruntă comunitatea monahală: cum să concilieze convingerile religioase profunde cu respectarea legii și ordinii civile. Această situație tensionată a reflectat nu doar un conflict intern în cadrul comunității monahale a Muntelui Athos, dar și o confruntare între principiile tradiționale și necesitatea de a adera la standardele de drept și ordine publică. Acest caz, prin complexitatea și intensitatea sa, a devenit un exemplu al provocărilor pe care le întâmpină comunitățile religioase tradiționale în contextul modern, punând în lumină necesitatea unui echilibru între mărturisirea de credință și responsabilitatea civică.

În contextul tulburărilor din Mănăstirea Esfigmenu, Alkiviadis Grigoriadis, avocatul apărării, a subliniat natura religioasă a conflictului, exprimând opinia că astfel de dispute nu ar trebui să fie soluționate prin mijloace judiciare. Această poziție reflectă o perspectivă comună în conflictele de natură spirituală, unde soluțiile legale sunt adesea considerate insuficiente sau nepotrivite pentru a rezolva dezacorduri de natură dogmatică.

Totuși, intervenția instanței a fost inevitabilă în cazul

Mănăstirii Esfigmenu. Opt călugări, inclusiv Egumenul Metodie (Papalamprakopoulos), au fost condamnați de Curtea Penală mixtă cu jurați din Salonic, conform raportului Mystagogy.

Călugării au fost acuzați de instigare la violență și de aruncare de cocktail-uri Molotov împotriva ofițerilor de poliție într-un incident survenit în iulie 2013, în Kareya,

capitala administrativă a Muntelui Athos.

Egumenul Metodie și monahul Antypas, considerat principalul agresor, au primit pedepse severe de douăzeci de ani de închisoare, cu aplicare imediată. Aceste sentințe reflectă gravitatea acuzațiilor și a actelor comise.

Ceilalți șase călugări, acuzați ca fiind complici la incident, au primit fiecare sentințe de zece ani și patru luni de închisoare, însă aceste sentințe sunt contestate prin apel.

Acest caz evidențiază tensiunea dintre autoritatea spirituală și cea legală, punând în lumină dificultățile de a găsi o cale de mijloc între respectarea principiilor religioase și a legilor statului. De asemenea, arată complexitatea și provocările cu care se confruntă comunitățile monahale în situații de conflict interne, precum și rolul justiției în abordarea acestor situații.

Este un exemplu clar al modului în care problemele interne ale unei comunități religioase pot escalada, necesitând intervenția forțelor de ordine și a sistemului judiciar.

Potrivit unui raport al Agenției de Presă Altermedia, într-un incident grav la Mănăstirea Esfigmenu, călugării, baricadați într-o dependință a comunității lor din Kareya, au ripostat la acțiunile autorităților, care veniseră pentru evacuarea lor.

Conform relatărilor din poliția locală, călugării au folosit dispozitive incendiare împotriva reprezentanților justiției.

În schimb, purtătorul de cuvânt al călugărilor, Iraklis Moraitis, a susținut că reacția lor a fost provocată de o tentativă de intrare forțată în mănăstire, inclusiv utilizarea unui mini-buldozer pentru a forța poarta.

„Nu am folosit cocktailuri Molotov, ci am aruncat cu orice ne-a venit la îndemână. Nu ați reacționa la fel dacă cineva ar încerca să vă dea afară din propria casă, iar poliția, deși prezentă, nu intervine?", a declarat Moraitis pentru AFP.

Incidentul a reprezentat o escaladare fără precedent a tensiunilor pe Muntele Athos, o regiune cunoscută pentru liniștea și spiritualitatea sa.

Guvernatorul Muntelui Athos, Aristos Karmiroglou, a comentat gravitatea situației: *„Este fără îndoială pentru prima dată când se folosesc dispozitive incendiare pe Muntele Athos, este un caz care acum intră sub jurisdicția justiției."*

Această situație subliniază complexitatea și dificultatea de a media conflictele într-o comunitate monahală, unde tensiunile pot deriva atât din chestiuni spirituale, cât și din dispute legate de proprietate și autonomie. Situația de la Mănăstirea Esfigmenu rămâne un exemplu nefericit al modului în care diferențele dogmatice și administrative pot degenera în violență, punând astfel la încercare principiile pașnice ale vieții monahale.

SITUAŢIA ACTUALĂ

Astăzi, peisajul monahal al Muntelui Athos prezintă o diversitate complexă, cu mănăstiri ce reflectă o gamă largă de atitudini și convingeri.

Multe dintre mănăstirile grecești din Athos au accesat fonduri nerambursabile prin programele Uniunii Europene, cu excepția notabilă a mănăstirilor Esfigmenu și Constamonitu.

Fondurile Europene au fost accesate în cea mai mare parte pentru refacerea si modernizarea rețelelor de utilități (inclusiv independență energetică), structurile de rezistență ale clădirilor dar și pentru conservarea, catalogarea și prezervarea arhivelor cu toate documentele și cărțile străvechi care există în bibliotecile acestor mănăstiri.

Mănăstirile Esfigmenu și Constamonitu continuă să se mențină cu mare greutate independente financiar și să-și păstreze autonomia în fața influențelor externe.

Comunitățile lor monahice sunt restânse, iar gradul de dezvoltare cu privire la facilitățile legate de utilități si consolidarea construcțiilor existente este foarte redus și se pot vizualiza imediat aceste aspecte prin comparație cu alte mănăstiri.

Cele două mănăstiri au adoptat o orientare zelotistă demonstrând exces de zel pentru păstrarea credinței creștine și se consideră că au mers către extreme prin modul lor de a înțelege și a se adapta la realitățile curente și la modernismul întregii lumi. Acești monahi își mențin o poziție fermă în păstrarea tradițiilor și a autonomiei lor.

Mănăstirile Grigoriu și Simonos Petras sunt cunoscute

pentru abordarea lor echilibrată în problemele de credință, încercând să găsească un echilibru între tradiție și modernitate.

Pe de altă parte, mănăstirile Vatopedu și Dohiariu sunt considerate de către tradiționaliști ca fiind foarte loiale Patriarhiei Constantinopolului, respectând cu strictețe directivele și învățăturile acesteia. Considerațiile

sunt probabil făcute pentru că cele două manastiri au cunoscut un grad de dezvoltare şi modernizare mult mai accentuat faţă de celelalte mănăstiri din Sfântul Munte. Mănăstirile Vatopedu şi Dochiariu au accesat cu mai mare uşurinţă fonduri nerambursabile, şi este evident că aceste fonduri nu au venit de de la Patriarhia Constantinopolului.

De fapt mulţi dintre monahii din comunitate au avut cunoştinţe mai avansate cu privire la realităţile economice din afara Sfântului Munte, o deschidere mai mare către posibilităţile de accesare a fondurilor nerambursabile şi astfel au reuşit într-o măsură mai mare să se dezvolte şi să se modernizeze.

Această diversitate reflectă bogăţia şi complexitatea vieţii monahale athonite, fiecare mănăstire şi comunitate contribuind la mozaicul cultural şi spiritual unic al Muntelui Athos.

În ciuda diferenţelor, fiecare comunitate urmăreşte să trăiască în conformitate cu valorile monahale de rugăciune, meditaţie şi viaţă dedicată credinţei.

MĂNĂSTIREA ATHONITĂ

Termenul „Mănăstirea Athonită", folosit în contextul determinării hotarelor Sfântului Munte Athos, rămâne un concept neclar și în zilele noastre.

Istoric vorbind, acest termen pare să se refere la o entitate colectivă sau o comunitate monahală care guvernează întreaga peninsulă a Muntelui Athos, mai degrabă decât la o singură mănăstire individuală.

Acordul privind delimitarea hotarelor din anul 942, semnat între athoniți și locuitorii din Ierissos, este un exemplu timpuriu al folosirii acestui termen.

Documentul a fost semnat de către Ioan, care a fost desemnat ca „Egumenul Athonit" (însemnând liderul, sau superiorul monahilor de pe Athos), „Călugărul Athonit" Pavel și „Athoniții" Vardas și Teodor.

Denumirea sugerează că, chiar de la începuturile organizării sale monahale, Muntele Athos a fost perceput ca o comunitate spirituală unitară, cu propria sa identitate și autoritate.

Folosirea termenului „Mănăstirea Athonită" în acest

context istoric poate sugera o structură administrativă și spirituală centralizată sau cel puțin coordonată, care guverna viața monahală pe Muntele Athos.

Aceasta implică existența unei forme de guvernare monastică colectivă sau a unei rețele de mănăstiri sub conducerea unor figuri centrale, precum egumenul.

În zilele noastre, termenul continuă să provoace confuzie

şi dezbatere, deoarece Muntele Athos este alcătuit din mai multe mănăstiri autonome.

În acest sens, „Mănăstirea Athonită" poate fi interpretată mai mult ca o referire la întreaga comunitate monahală a Muntelui Athos, cu structura şi organizarea sa distinctă, decât la o mănăstire individuală specifică.

În concluzie, acest termen istoric reflectă complexitatea şi unicitatea structurii monahale a Muntelui Athos, subliniind natura sa de comunitate monahală extinsă şi interconectată, cu o istorie profundă şi o organizare spirituală şi administrativă unică.

Conform studiilor şi cercetărilor istorice, există indicii care sugerează prezenţa unei mănăstiri distincte denumite „Mănăstirea Athonită".

Discuţiile privind locaţia exactă a acestei mănăstiri au generat diverse teorii, plasând-o atât în afara graniţelor actuale ale Muntelui Athos, cât şi în proximitatea Mănăstirii Iviru.

Ambiguitatea în ceea ce priveşte locaţia exactă a „Mănăstirii Athonite" adaugă un strat de mister istoric şi intrigă în contextul deja bogat al istoriei monahale a Muntelui Athos.

Incertitudinea poate fi atribuită fie schimbărilor teritoriale şi administrativ-ecleziale de-a lungul timpului, fie variaţiilor în înregistrările istorice şi interpretărilor

acestora.

Astfel, identificarea și localizarea „Mănăstirii Athonite" rămâne un subiect deschis pentru cercetările viitoare, oferind un punct de interes pentru istorici și cercetători în efortul lor de a înțelege mai bine evoluția monahismului pe Muntele Athos și organizarea sa de-a lungul secolelor.

Unii istorici au identificat referiri la termeni controversați în cel puțin două documente istorice scrise. Aceste documente includ mențiuni ale unei „Mănăstiri a Sfântului Munte" care a stârnit curiozitate și dezbateri în rândul cercetătorilor.

Primul document este un ordin emis de împăratul Constantin Monomahul în anul 1045, adresat lui Cosma Dzizilukis.

Textul acestui ordin menționează: „*Călugării Mănăstirii Sfântului Munte, de demult veniți în Împărăția Mea*".

Referința sugerează existența unei entități monahale distincte, cunoscută sub numele de Mănăstirea Sfântului Munte, care a avut legături istorice cu împărăția bizantină.

Al doilea document este un ordin emis de împăratul Constantin al X-lea Duca în anul 1062, care menționează: „*Călugării Mănăstirii Sfântului Munte au vorbit cu călugării Mănăstirii Iviron*".

Mențiunea indică faptul că Mănăstirea Sfântului Munte era considerată o entitate separată, capabilă să întreprindă dialoguri și negocieri cu alte mănăstiri, cum ar fi Mănăstirea Iviru.

Referințe din documentele istorice au contribuit la întărirea ideii că termenul „Mănăstirea Sfântului Munte" ar putea fi mai mult decât o simplă denumire generică pentru comunitatea monahală a Muntelui Athos, sugerând existența unei mănăstiri specifice sau a unei structuri administrative distincte în cadrul acestei comunități monahale.

Explicația fenomenului mențiunilor referitoare la „Mănăstirea Sfântului Munte" în documentele istorice poate fi de fapt destul de simplă.

Analizând perioada cuprinsă între anii 883 și 943, putem deduce că documentele de stat se referă la Athos ca la o

singură entitate juridică și o singură organizație monahală, și nu la două sau mai multe lăcașuri athonite separate.

Interpretarea este susținută chiar și de Sigiliul Împăratului Vasile I Macedoneanul, un document timpuriu. În acest sigiliu, referința este făcută la „asceții Athoniți", ceea ce indică faptul că termenul se aplică unui grup de călugări care nu sunt neapărat afiliați la o mănăstire specifică, ci mai degrabă la întreaga comunitate monahală de pe Athos.

Prin urmare, este posibil ca termenul „Mănăstirea Sfântului Munte" să nu desemneze o mănăstire individuală, ci mai degrabă să reprezinte o denumire colectivă pentru întreaga comunitate monahală de pe Muntele Athos. Astfel comunitatea era percepută și tratată ca o singură entitate în documentele și relațiile oficiale ale vremii.

Acest lucru sugerează că, de-a lungul istoriei, Athosul a fost privit nu numai ca un loc geografic, ci și ca o comunitate monahală unitară, cu o structură și organizare care transcend granițele individuale ale mănăstirilor sale componente.

Expresii similare, care se referă la Muntele Athos ca la o entitate unitară, se regăsesc și în documentul emis de Împăratul Bizantin Leon al VI-lea Hazarul, în anul 893.

Utilizarea limbajului din documentele oficiale ale epocii bizantine sugerează o percepție a Muntelui Athos nu doar ca o locație geografică, ci ca o entitate monahală colectivă.

Mai mult, în documentele care stabilesc delimitările terenurilor Muntelui Athos, acesta este prezentat ca un tot întreg, sugerând o viziune asupra Athosului ca fiind o singură proprietate mare, administrată colectiv.

De exemplu, o formulare tipică într-un astfel de document ar putea suna: *„Semnat deschis și în prezența călugărilor Athoniți”*.

Exprimarea indică faptul că documentele erau validate și recunoscute de către întreaga comunitate monahală athonită, sugerând o structură unificată și o abordare comună în administrarea și gestionarea proprietăților și terenurilor.

Această perspectivă asupra Muntelui Athos ca o singură entitate juridică și monahală reflectă structura unică a comunității monahale de pe Athos, unde mănăstirile individuale, deși autonome în practica lor religioasă și administrativă, sunt parte a unei comunități monahale mai largi.

În acest sens, Muntele Athos funcționează ca o republică monahală, cu o identitate și o structură colectivă care transcende granițele fizice și administrative ale mănăstirilor individuale.

Conceptul de „Mănăstire Athonită” este, de fapt, strâns legat de Lavra Kareya. În acea epocă, termenii „mănăstire” și „lavra” erau adesea folosiți în mod interschimbabil. La fel cum mănăstirea fondată de Atanasie Athonitul a fost denumită Lavră, este posibil ca și Lavra Kareya să fi fost cunoscută sub numele de Mănăstirea Athonită.

Lavra Kareya, înființată în centrul peninsulei în secolul al IX-lea, a avut o influență semnificativă asupra întregului Munte Sfânt.

Aceasta nu doar că a exercitat o autoritate spirituală și

administrativă asupra celorlalte mănăstiri și așezăminte monahale din zonă, dar deținea de asemenea proprietăți extinse, nu doar pe teritoriul Athosului, ci și în regiuni învecinate, cum ar fi suburbia Kassandrei.

Rolul central al Lavrei Kareya în istoria și dezvoltarea monahismului athonit subliniază importanța sa ca un centru de putere monahală.

Funcționarea sa ca un punct de referință și coordonare pentru întreaga comunitate monahală athonită a contribuit la consolidarea identității și unității spirituale a Muntelui Athos. În acest context, Lavra Kareya, sau Mănăstirea Athonită, a fost mai mult decât o simplă mănăstire; a fost un simbol al coeziunii și autorității monahale în cadrul acestei comunități religioase unice.

În anul 893, un eveniment semnificativ în istoria Muntelui Athos a avut loc cu apariția monahului Andreas, care a călătorit la Constantinopol pentru a reprezenta interesele mănăstirii Kolov.

În documentele scrise ale acelei perioade, Andreas este descris cu un epitet distinctiv: *„Andreas este un monah cuvios și primul Isichast al faimosului Athos în fața tuturor celor ce au frică de Dumnezeu aflați acolo”*.

Descrierea nu doar că evidențiază statutul său spiritual înalt, dar și îl indică pe Andreas ca fiind unul dintre primii lideri recunoscuți ai comunității monahale athonite, al cărui nume a fost consemnat în sursele istorice.

Referința la Andreas ca „*primul Isichast*" sugerează că el a fost un pionier al mișcării isihaste în Athos, o practică de rugăciune și meditație profundă care urmărește liniștirea minții și apropierea de Dumnezeu.

Această mențiune a lui Andreas subliniază importanța isihasmului în viața spirituală a Muntelui Athos și contribuția sa la tradiția monahală athonită.

Rolul lui Andreas ca un reprezentant al mănăstirii Kolov la Constantinopol demonstrează de asemenea legăturile strânse și influența pe care Muntele Athos le-a avut în lumea bizantină.

Prezența sa la curtea imperială reafirmă rolul Muntelui Athos ca un centru spiritual major, cu legături puternice cu autoritățile bisericești și politice ale imperiului.

Astfel, figura lui Andreas marchează un moment crucial în istoria Athosului, reprezentând o etapă în evoluția sa ca un loc de importanță religioasă și influență spirituală în lumea ortodoxă.

Termenul „*Prot*" (însemnând „primul" sau „liderul") a fost folosit în viața bisericească încă din secolul al VI-lea, când Egumenul Mănăstirii lui Theodosius cel Mare a fost descris ca „*primul în tot pustiul Ierusalimului*".

Totuși, în contextul Muntelui Athos, acest termen își găsește o semnificație aparte, fiind utilizat pentru prima dată în sensul de conducător al întregii organizații monahale athonite.

La aproximativ 50 de ani după apariția lui Andreas, documentele istorice menționează semnătura unui alt reprezentant important al Athosului, Ioan, care este descris ca „*Ioan, Egumenul Athosului*".

În acest context, cuvântul „Egumen" poate fi interpretat

ca fiind sinonim cu „protul" menționat anterior. Astfel, titlul lui Ioan ar putea fi înțeles ca *„Primul egumen Athonit"*, sugerând că el era principalul conducător sau lider al tuturor egumenilor din mănăstirile de pe Sfântul Munte.

Utilizarea termenului „prot" sau „egumen" în legătură cu Muntele Athos ilustrează o structură de conducere și organizare în interiorul comunității monahale, unde un lider recunoscut avea autoritatea și responsabilitatea de a reprezenta și coordona activitățile și interesele tuturor mănăstirilor athonite.

Astfel, este reflectată evoluția Athosului într-o comunitate bine structurată, cu o ierarhie definită și roluri de conducere clar stabilite, contribuind la coeziunea și eficiența administrativă a acestei comunități monahale unice.

Este interesant de remarcat că documentul menționat anterior, semnat de Ioan, Egumenul Athosului, a fost de asemenea semnat și de alți trei athoniți.

Acest fapt poate fi văzut ca un precursor al structurii Sfintei Epifanii ulterioare, care era formată din patru „observatori".

Structura de patru membri pare să fi fost o tradiție ferm înrădăcinată în conștiința comunității athonite, reapărând în mod repetat în istorie, un fapt care este adesea interpretat ca având o semnificație spirituală specială.

În ceea ce privește numărul patru și semnificația sa, este posibil ca acesta să fie legat de simbolismul creștin tradițional, unde numărul patru este adesea asociat cu universalitatea și integritatea.

Astfel, utilizarea acestui număr în structura administrativă a Muntelui Athos poate fi văzută ca reflectând un echilibru și o reprezentare cuprinzătoare a întregii comunități monahale.

Există o concepție greșită comună că acest centru administrativ era echivalentul Adunării Stareților din Antichitate.

Cu toate acestea, în perioada respectivă, Adunarea Stareților, așa cum o cunoaștem astăzi, nu exista, iar titlul șefului Muntelui Sfânt din acea epocă nu este cunoscut.

Aceasta sugerează că structurile și titlurile de conducere de pe Athos au evoluat de-a lungul timpului, adaptându-se nevoilor și circumstanțelor schimbătoare ale comunității monahale.

În concluzie, structura administrativă a Muntelui Athos, inclusiv semnificația numărului patru și rolul liderilor săi, este un aspect complex și în evoluție a istoriei sale monahale.

Aceste elemente reflectă adaptabilitatea și profunzimea tradițiilor athonite, precum și modul în care acestea au fost influențate de contextul spiritual și istoric în care s-au dezvoltat.

În ceea ce privește dezvoltarea monahismului pe Muntele Athos începând cu secolul al VIII-lea, nu există dovezi clare ale formării unei noi adunări de conducere asemănătoare cu cele din etapele anterioare.

Se pare că, posibil sub influența presiunilor externe,

centrul administrativ al Athosului s-a deplasat treptat spre interiorul peninsulei, ajungând în cele din urmă în centrul său în jurul anului 940.

Lavra înființată în Kareya s-a situat la centrul geografic al regiunii Athosului și, prin urmare, a fost numită „Medie" sau „Centrală".

Cu mutarea centrului administrativ în această Lavră, ea a început să fie cunoscută sub numele de Marea Lavră Medie, subliniind astfel poziția sa centrală în raport cu celelalte lavre și mănăstiri ale peninsulei.

Noua configurație reflectă o evoluție în modul în care comunitatea monahală athonită s-a organizat și și-a gestionat afacerile.

Marea Lavră Medie a devenit un fel de centru spiritual și administrativ pentru întreaga peninsulă, reprezentând un punct de referință pentru celelalte mănăstiri și Lavre.

În același timp, pentru întreaga comunitate monahală athonită, Muntele Athos a continuat să fie văzut ca un tot întreg, o entitate unitară ce cuprinde toate instituțiile monahale de pe teritoriul său.

Astfel, termenul „Mănăstirea Athonită" a fost folosit pentru a descrie comunitatea monahală în ansamblul său, reflectând unitatea și coeziunea spirituală și administrativă a Athosului ca un centru important al monahismului ortodox.

Protosul, ales de Adunarea tuturor Stareților Athoniti, își avea sediul în Kareya, de unde administra Lavra Medie, adică întregul Munte Sfânt.

În calitatea sa de lider spiritual și administrativ, Protosul oficia slujbele religioase în biserica centrală a Lavrei Medii pe tot parcursul șederii sale în Kareya.

În momentele când Protosul era absent din propria sa mănăstire, responsabilitățile sale erau preluate de o persoană de încredere, care deținea titlul de „*Egumenul Protosului*".

Acesta asigura continuitatea îndatoririlor administrative și duhovnicești în absența Protosului, menținând astfel ordinea și buna funcționare a comunității monahale.

Organul principal de administrare duhovnicească al Muntelui Athos era cunoscut sub numele de *Protat* (din grecescul „πρῶτος", care înseamnă „primul").

Acesta nu era doar un titlu, ci și o instituție importantă în structura monahală athonită, având un rol crucial în coordonarea și supravegherea activităților religioase și administrative ale comunității.

Biserica Centrală a Lavrei Kareya, ca loc de întâlnire și de slujbă pentru Protos și adunarea stareților, a păstrat același nume, subliniind importanța și centralitatea sa în cadrul Muntelui Athos.

Astfel, instituția Protatului, cu sediul său în Kareya,

reprezenta nucleul spiritual și administrativ al Muntelui Athos, reflectând structura organizatorică și ierarhia stabilită în cadrul acestei comunități monahale unice.

De trei ori pe an, în Kareya, cu ocazia sărbătorilor importante ale calendarului creștin - Crăciun, Paște și Adormirea Maicii Domnului - se organizau adunări majore la care participau toți călugării Muntelui Sfânt.

Adunările erau nu doar momente de celebrare spirituală, ci și oportunități pentru conducătorii administrativi și duhovnicești de a se ocupa de problemele urgente ale comunității monahale athonite.

Astfel, adunările serveau ca forumuri pentru discutarea și soluționarea chestiunilor care afectau viața monahală pe Athos.

În ciuda apariției altor Lavre, precum Lavra lui Zygos, Climent și altele în secolele IX și X, niciuna dintre aceste noi instituții nu a putut contesta superioritatea și autoritatea Lavrei Kareya.

Superioritatea acestei Lavre era recunoscută nu doar de comunitatea monahală, ci și de autoritățile imperiale, așa cum reiese din documentele istorice.

De exemplu, există dovezi ale unei adunări generale a călugărilor Muntelui Athos din anul 958. Mai târziu, în 972, autoritatea și structura organizatorică a Muntelui Athos au fost recunoscute și legalizate oficial prin hrisovul Împăratului Joan Tzimiskes.

Acest hrisov a aprobat primul Statut de organizare (cunoscut sub numele de *Tragos*) al Muntelui Sfânt, stabilind astfel un cadru legal și administrativ pentru gestionarea afacerilor comunității monahale.

Documentele subliniază importanța Lavrei Kareya ca centru administrativ și duhovnicesc al Muntelui Athos, precum și recunoașterea și respectul pe care le-a obținut în fața autorităților imperiale.

Astfel, Lavra Kareya a jucat un rol esențial în definirea structurii și funcționării Muntelui Athos ca un centru monahal de importanță majoră în lumea ortodoxă.

După formarea mănăstirilor mari pe Muntele Athos, au avut loc câteva reforme organizaționale importante care au schimbat dinamica și structura comunității monahale.

Reformele au reflectat evoluția și adaptarea Muntelui Athos la noile realități și nevoi ale timpului.

Prima dintre aceste reforme a fost încetarea activității altor Lavre mai mici sau mai puțin influente care existau pe Muntele Athos.

Măsura a fost probabil luată pentru a consolida resursele și influența în cadrul celor mai mari și mai stabile mănăstiri, concentrând astfel activitatea monahală și spirituală în jurul acestor centre mai puternice.

A doua reformă majoră a implicat dreptul acordat mănăstirilor athonite de a dobândi proprietăți pe teritoriul Muntelui.

Aceasta a reprezentat o schimbare semnificativă, întrucât anterior, Lavra Kareya avea un privilegiu exclusiv în acest sens.

Pierderea acestui privilegiu exclusiv de către Lavra

Kareya a marcat o redistribuire a puterii și influenței pe Athos, permițând altor mănăstiri să se dezvolte și să-și extindă propriile resurse.

A treia reformă a permis oficial mănăstirilor să participe activ la procesul de gestionare și administrare a afacerilor comune ale Muntelui Athos.

Aceasta a fost o evoluție semnificativă, deoarece a

implicat o distribuție mai democratică a responsabilităților și un grad mai mare de autonomie pentru fiecare mănăstire în cadrul comunității monahale.

Reformele au jucat un rol crucial în modelarea structurii actuale a Muntelui Athos, asigurându-se că fiecare mănăstire poate să contribuie la bunăstarea și dezvoltarea spirituală și materială a întregii comunități monahale.

Astfel, Muntele Athos a devenit o entitate mai coezivă și mai adaptabilă, capabilă să răspundă eficient la schimbările și provocările care au apărut de-a lungul timpului.

Lavra Kareya sau Protaton, singura Lavră păstrată pe Muntele Athos, a dobândit un statut unic și complex, reflectând atât autonomia sa ca lăcaș monahal, cât și un rol important în supervizarea și administrarea altor mănăstiri și chilii de pe Muntele Athos.

Ca entitate monahală independentă, Lavra Kareya gestiona un număr semnificativ de chilii și avea responsabilități proprii, inclusiv cele legate de viața spirituală și administrativă a comunității sale.

În același timp, Lavra Kareya, prin intermediul Protatului, funcționa ca un organ de supraveghere și coordonare a altor lăcașuri monahale de pe Athos.

Acest dublu rol a permis Lavrei Kareya să exercite o influență semnificativă în organizarea și funcționarea generală a Muntelui Athos.

Cu toate acestea, pe măsură ce alte mănăstiri de pe Athos au început să se dezvolte și să-și consolideze propria autonomie și influență, jurisdicția Protatului a început să scadă treptat.

Diminuarea influenței a culminat în anul 1661, când Protatul a fost transformat într-un organ general administrativ intern al Athosului.

De la această dată, rolul său s-a concentrat mai mult pe coordonarea și administrarea internă a comunității monahale athonite, mai degrabă decât pe supravegherea directă a activităților individuale ale fiecărei mănăstiri.

Schimbarea statutului și rolului Lavrei Kareya / Protaton pe Muntele Athos este un exemplu al modului în care structurile monahale se pot adapta și evolua în timp, reflectând nevoile și prioritățile schimbătoare ale comunității monahale.

Adaptabilitatea a fost esențială pentru supraviețuirea și prosperitatea continuă a Athosului ca un centru monahal major în lumea ortodoxă.

CELE 20 DE MĂNĂSTIRI

Pe teritoriul Republicii Autonome a Sfântului Munte Athos, un loc sacru și venerat în tradiția ortodoxă, se află 20 de mănăstiri ortodoxe.

Dintre acestea, 17 sunt de tradiție grecească, reflectând astfel moștenirea și influența dominantă elenă pe Athos.

Mai există o mănăstire rusă, una sârbă și una bulgară, fiecare reprezentând legăturile culturale și spirituale dintre Muntele Athos și aceste națiuni ortodoxe.

Numărul mănăstirilor pe Muntele Athos este fix și permanent; nu se permite construirea de noi mănăstiri, o tradiție care păstrează caracterul sacru și stabilitatea acestei comunități monahale.

Regula aceasta subliniază respectul pentru tradiție și dorința de a menține o anumită ordine și armonie în cadrul comunității monahale.

Fiecare mănăstire este o structură mare și complexă, construită pentru a fi nu doar un loc de rugăciune și contemplare, ci și o fortăreață. Zidurile puternice care înconjoară mănăstirile, adesea dotate cu turnuri impresionante, sunt caracteristici ale arhitecturii athonite.

Aceste structuri fortificate au avut un rol crucial în istoria Athosului, protejând mănăstirile de raidurile piraților și invadatorilor, mai ales în perioadele tulburi ale istoriei.

Prin urmare, mănăstirile de pe Muntele Athos nu sunt doar centre spirituale, ci și simboluri ale rezistenței și persistenței tradiției ortodoxe în fața provocărilor istorice.

Combinația de spiritualitate și fortitudine fizică conferă Sfântului Munte Athos o aură unică și o importanță semnificativă în lumea ortodoxă.

Pe Muntele Athos, Mănăstirile se împart în două categorii principale, fiecare având un statut și o istorie distinctă:

1. **Mănăstirile Regale** (sau Basilice), denumite astfel datorită originilor lor regale sau imperiale.

   Aceste mănăstiri au fost fie fondate direct prin ordinul și cu susținerea financiară a împăraților bizantini, fie au primit un statut special și recunoaștere printr-un decret imperial de aur.

   Astfel, mănăstirile regale poartă o semnificație istorică și culturală profundă, reflectând legătura strânsă dintre Biserică Ortodoxă și Imperiul Bizantin.

2. **Mănăstirile Patriarhale și Stavropighiale**, care sunt direct asociate cu Patriarhia Constantinopolului.

Aceste mănăstiri se află sub supravegherea spirituală a Patriarhului Constantinopolului, care este responsabil pentru aprobarea crucii (simbolul autorității și binecuvântării patriarhale) în aceste mănăstiri.

Relația acestor mănăstiri cu Patriarhia subliniază importanța lor spirituală și legătura lor directă cu centrul ortodoxiei.

În ceea ce privește practicile monahale, aproximativ jumătate dintre mănăstirile de pe Muntele Athos sunt considerate conservatoare.

Aceste mănăstiri aderă la un regulament strict, punând un accent deosebit pe disciplină, rugăciune intensă și respectarea riguroasă a posturilor.

Prin urmare, ele oferă un mediu de viață monahală caracterizat prin asceză și dedicare profundă vieții spirituale, respectând tradițiile și normele străvechi ale monahismului ortodox.

Astfel, diversitatea mănăstirilor de pe Muntele Athos reflectă bogăția și complexitatea tradiției monahale ortodoxe, fiecare mănăstire contribuind la păstrarea și cultivarea unei moșteniri spirituale valoroase.

Comunitatea monahală de pe Muntele Athos se caracterizează prin existența a două tipuri principale de mănăstiri, fiecare cu propriul său stil de viață monahală și reguli specifice:

1. Mănăstirile Cenobite

Aceste mănăstiri sunt cunoscute și ca mănăstiri *„cu viață de obște"*.

În aceste comunități, monahii trăiesc după principiul proprietății comune, unde toate bunurile materiale și resursele sunt deținute colectiv.

Viața de zi cu zi este strict organizată, iar monahii participă împreună la rugăciuni, mese și munci comune.

Prezenta abordare subliniază idealurile de comuniune, egalitate și fraternitate în cadrul vieții monahale, fiecare membru contribuind la binele comun al comunității.

2. Mănăstirile Idioritmice

Spre deosebire de mănăstirile cenobite, mănăstirile idioritmice, cunoscute și ca *„cu viață de sine"*, permit un grad mai mare de individualitate și proprietate personală.

În aceste mănăstiri, monahii pot deține obiecte personale și uneori sunt responsabili pentru propria lor hrană și alte nevoi.

Deși continuă să participe la slujbele religioase comune, ei pot avea mai multă libertate în ceea ce priveşte programul zilnic şi activităţile individuale.

Acest tip de mănăstire oferă un echilibru între viaţa comunitară şi cea individuală, respectând nevoile şi preferinţele personale ale fiecărui monah.

Diversitatea mănăstirilor de pe Muntele Athos, împărţite în tipurile cenobit şi idioritmic, aduce o bogăţie extraordinară în cadrul practicilor monahale ortodoxe, fiecare tip având propriile sale caracteristici şi contribuţii la viaţa spirituală.

Mănăstirile Cenobite

Aceste comunităţi subliniază importanţa unităţii, comuniunii şi vieţii comune.

Aici, monahii trăiesc şi lucrează împreună, participând la rugăciuni, mese şi activităţi zilnice într-un cadru organizat şi disciplinat.

Abordarea reflectă idealurile de egalitate, fraternitate şi renunţare la sine, caracteristici ale vieţii monahale tradiţionale.

Mănăstirile cenobite sunt adesea privite ca modele de organizare monahală, unde viaţa de comunitate ajută la cultivarea unor valori spirituale profunde şi la dezvoltarea unei simţiri puternice a apartenenţei şi responsabilităţii faţă de comunitate.

Mănăstirile Idioritmice

Aceste mănăstiri permit un grad mai mare de individualitate, oferind monahilor posibilitatea de a-și menține unele proprietăți personale și de a-și gestiona într-o oarecare măsură viața cotidiană.

Deși rămân dedicate vieții spirituale și participă la slujbele comune, mănăstirile idioritmice recunosc și respectă nevoile individuale ale fiecărui monah.

Abordarea mai flexibilă permite o adaptare la diversele chemări și talente individuale, într-o manieră care îmbină viața de sine cu disciplina monahală.

Diversitatea mănăstirilor de pe Muntele Athos nu reprezintă doar o oglindire a bogăției tradiției monahale ortodoxe, ci și o modalitate de a răspunde diverselor căutări și nevoi spirituale ale monahilor.

Diversitatea este vitală, deoarece fiecare monah își urmează propriul drum spiritual, iar mănăstirile de pe Athos oferă o gamă largă de contexte pentru acest scop.

Mănăstirile cenobite și idioritmice, fiecare cu specificul său, contribuie la o construcție spirituală complexă, creând un mediu în care căutarea individuală și dezvoltarea personală pot coexista în armonie cu valorile și obiectivele comunității mai largi.

Acest echilibru între individualitate și comuniune este

esențial pentru vitalitatea și dinamismul vieții spirituale și monahale pe Athos.

Mănăstirile athonite sunt, de asemenea, custozi ai unui patrimoniu cultural și spiritual de neprețuit. Ele găzduiesc o colecție impresionantă de vestigii istorice, sfinte moaște, cărți rare, documente antice și opere de artă de o valoare imensă, care nu doar că atestă bogata istorie a Sfântului

Munte, dar sunt și o mărturie vie a tradiției ortodoxe.

Moștenirea culturală și spirituală a acestora a fost recunoscută prin includerea Muntelui Athos în Patrimoniul Mondial UNESCO din 1988, marcând importanța sa nu doar pentru creștinismul ortodox, ci și pentru întreaga omenire.

Administrativ, fiecare dintre cele 20 de mănăstiri este condusă de un arhimandrit, ales de călugări pentru toată viața. Această structură de conducere asigură stabilitate și continuitate în practicile și tradițiile monahale.

Liderii spirituali aleși sunt responsabili nu doar pentru bună administrare a mănăstirilor, ci și pentru îndrumarea spirituală a comunităților lor.

Sistemul de guvernare monahală contribuie la păstrarea și transmiterea tradiților și valorilor ortodoxe de-a lungul generațiilor, asigurând că Muntele Athos rămâne un centru vibrant și esențial de spiritualitate și cultură monahală.

Lista celor douăzeci de mănăstiri în ordinea ierarhică stabilită

1. *Mănăstirea Marea Lavră* (greacă: Μεγίστης Λαύρας) - Mănăstirea Amalfion (Μονή των Αμαλφηνών), odinioară a doua în ierarhie, de rit latin, în prezent ruină

2. *Mănăstirea Vatopedu* (greacă: Βατοπαιδίου)

3. *Mănăstirea Iviru* (greacă: Ιβήρων)

4. *Mănăstirea Hilandaru* (greacă: Χιλανδαρίου, sârbește: Хиландар)

5. *Mănăstirea Dionisiu* (greacă: Διονυσίου)

6. *Mănăstirea Cutlumuș* (greacă: Κουτλουμουσίου)

7. *Mănăstirea Pantocrator* (greacă: Παντοκράτορος)

8. *Mănăstirea Xiropotamu* (greacă: Ξηροποτάμου)

9. *Mănăstirea Zografu* (greacă: Ζωγράφου)

10. *Mănăstirea Dohiariu* (greacă: Δοχειαρίου)

11. *Mănăstirea Caracalu* (greacă: Καρακάλλου)

12. *Mănăstirea Filoteu* (greacă: Φιλοθέου)

13. *Mănăstirea Simonos Petras* (greacă: Σίμωνος Πέτρας)

14. *Mănăstirea Sfântul Pavel* (greacă: Αγίου Παύλου)

15. *Mănăstirea Stavronikita* (greacă: Σταυρονικήτα)

16. *Mănăstirea Xenofont* (greacă: Ξενοφώντος)

17. *Mănăstirea Grigoriu* (greacă: Γρηγορίου)

18. *Mănăstirea Esfigmenu* (greacă: Εσφιγμένου)

19. *Mănăstirea Sfântul Pantelimon* (greacă: Αγίου Παντελεήμονος)

20. *Mănăstirea Constamonitu* (greacă: Κωνσταμονίτου)

SCHITURILE

Un schit în Muntele Athos este o comunitate monahală distinctă, oferind un echilibru între viața de pustnic și suportul comunitar.

Schiturile athonite sunt locuri unde monahii pot urma o cale spirituală mai retrasă, într-o formă de singurătate, dar fără a se izola complet de sprijinul și comuniunea cu alți călugări.

În Sfântul Munte Athos, schiturile se împart în două categorii principale, fiecare cu propriul său stil de viață și organizare:

1. Schiturile Cenobitice

Aceste schituri funcționează similar cu mănăstirile cenobite, unde călugării trăiesc și lucrează împreună sub o regulă comună.

Viața monahală într-un schit cenobitic este structurată și regulată, cu un accent puternic pe rugăciunea și slujbele comune, precum și pe muncile zilnice.

Această formă de comunitate oferă o structură

clară și o disciplină monahală, îmbinând nevoia de contemplare individuală cu suportul și îndrumarea comunității.

2. Schiturile Idioritmice

În contrast cu cele cenobitice, schiturile idioritmice sunt asemenea unor mici sate, fiecare căsuță sau chilie fiind ocupată de unul sau mai mulți călugări

care trăiesc o viață mai independentă.

Deşi există o biserică comună pentru slujbele religioase, călugării din aceste schituri îşi gestionează propriul timp şi resurse.

Acest tip de schit permite o mai mare libertate personală şi autonomie, menţinând totuşi o legătură cu comunitatea mai largă pentru slujbe şi alte activităţi religioase comune.

Ambele tipuri de schituri pe Muntele Athos oferă un mediu unic pentru viaţa monahală, permiţând călugărilor să urmeze o cale spirituală adaptată nevoilor şi aspiraţiilor lor personale.

Fie că este vorba de o structură cenobitică mai disciplinată sau de o organizare idioritmică mai flexibilă, schiturile oferă un spaţiu pentru dezvoltarea spirituală individuală în cadrul unei comunităţi monahale mai mari, îmbogăţind astfel diversitatea practicilor şi experienţelor spirituale de pe Muntele Athos.

În Sfântul Munte există diverse aşezări şi schituri, unele dintre ele fiind cunoscute sub denumirea de „skite".

Acestea includ aşezări precum Nea Thebaida (un schit rusesc), Schitul Sfânta Ana Mică şi Schitul Sfântul Vasile (Ἅγιος Βασίλειος), unde se vorbeşte predominant greacă. Aceste locuri, deşi sunt recunoscute ca centre de viaţă monahală şi spiritualitate, nu sunt considerate oficial schituri de către administrația Muntelui Athos.

În plus, există foste schituri, cum ar fi Rusikó și Metóchi Chourmítsas, care au fost ambele așezări rusești.

Astfel de locații istorice reflectă diversitatea culturală și lingvistică a Muntelui Athos, precum și schimbările dinamice care au avut loc de-a lungul timpului în cadrul comunității monahale.

Chiar dacă nu mai sunt în funcțiune sau nu sunt recunoscute oficial ca schituri, ele rămân o parte importantă a moștenirii și istoriei bogate a Muntelui Athos.

Tipurile diferite de așezări subliniază complexitatea și varietatea vieții monahale de pe Muntele Athos, fiecare aducând propria sa contribuție la țesătura spirituală și culturală a locului. Ele reprezintă puncte de interes pentru istorici, pelerini și cercetători care doresc să exploreze mai profund tradițiile și istoria monahismului ortodox.

Fiecare schit și așezare are o poveste unică de spus, contribuind la bogata tapiserie a vieții monahale de pe Muntele Athos.

Cele 14 schituri:

1. *Nea Skiti (Noul Schit)*, cu hramul Sfântul Spiridon (gr. Νέα Σκήτη - Άγιος Σπυρίδων) - depinde de Mănăstirea Sfântul Pavel

2. *Schitul Sfântul Dumitru* (gr. Σκήτη Αγ. Δημητρίου) - depinde de Mănăstirea Vatopedu

3. *Schitul Sfântul Dumitru - Lacu* (gr. Σκήτη Αγ. Δημητρίου - Λάκκου) - depinde de Mănăstirea Sfântul Pavel

4. *Schitul Sfântul Pantelimon* (gr. Σκήτη Αγ. Παντελεήμονος) - depinde de Mănăstirea Cutlumuș

5. *Schitul Sfântul Andrei* (gr. Σκήτη Αγίου Ανδρέου) - depinde de Mănăstirea Vatopedu

6. *Schitul Colibelor Sfântul Pavel* (gr. Σκήτη Καλύβες Αγ. Παύλου) - depinde de Mănăstirea Sfântul Pavel

7. *Schitul Katunakia* (gr. Σκήτη Κατουνάκια) - depinde de mănăstirea Marea Lavră

8. *Schitul Proorocul Ilie* (gr. Σκήτη Προφήτη Ηλία) - depinde de Mănăstirea Pantocrator

9. *Schitul Sfânta Ana* (gr. Σκήτη Αγίας Αννας) - depinde de Mănăstirea Marea Lavră

10. *Schitul Sfânta Treime, Kavsokalivia* (gr. Σκήτη Αγίας Τριάδας - σκήτη Καυσοκαλύβια) - depinde de Mănăstirea Marea Lavră

11. *Schitul Născătoarea de Dumnezeu,* sau *Bunavestire* (gr. Σκήτη Θεοτόκου - Η ελληνική σκήτη του Ευαγγελισμού) - depinde de Mănăstirea Xenophont

12. *Schitul Carulia* (gr. Σκήτη Τα Καρούλια) - depinde de Mănăstirea Marea Lavră

13. *Schitul Sfântul Ioan Botezătorul - Iviru* (gr. Σκήτη Τιμ. Προδρόμου - Ιβήρων) - depinde de Mănăstirea Iviru

14. *Schitul Sfântul Ioan Botezătorul sau Prodromu - Lavra* (gr. Σκήτη Τιμ. Προδρόμου - Λαυρεωτική) - depinde de Mănăstirea Marea Lavră

De-a lungul istoriei, diverse aşezări monastice pe Muntele Athos au fost recunoscute ca schituri. Un exemplu este Provata, care în a doua jumătate a secolului al XVIII-lea era un schit activ cu 36 de chilii.

Cu timpul, acest schit a devenit depopulat, însă în secolul XX a început să atragă din nou monahi, trecând printr-un proces de repopulare.

Astăzi, Provata se îndreaptă spre o reînnoire şi revitalizare, ilustrând ciclurile de schimbare şi renaştere care caracterizează viaţa monahală pe Muntele Athos.

INDICAȚII GENERALE CE TREBUIE RESPECTATE ÎNTR-UN PELERINAJ

CONSIDERAȚII GENERALE

Programul pelerinajului sau locurile în care s-a stabilit să se doarmă peste noapte se pot modifica în funcție de disponibilitatea părinților sau în funcție de locurile de cazare disponibile la mănăstiri, iar obiectivele stabilite, chiar dacă nu vor fi atinse, pot fi înlocuite cu altele.

În Grădina Maicii Domnului, nu *„oamenii sunt cei care au decizia finală”*.

Evitați discuțiile zgomotoase care ar putea tulbura liniștea monahilor și părinților. Păstrați liniștea și respectați gazdele care vă primesc.

Ei vă primesc în casa lor și voi sunteți cei care trebuie să îi respectați și să îi apreciați pentru ceea ce fac pentru voi.

Nu uitați că nu sunteți la hotel și că cei care vă primesc cu inimă deschisă, vor spăla și vor face curățenie după ce plecați.

- *Telefonul mobil*

  Deschideţi-l doar când este necesar deoarece la mănăstiri nu sunt multe prize de încărcat şi dacă nu aveţi un triplu ştecher sau o baterie externă, există şanse mici să reuşiţi întotdeauna încărcarea când toată lumea concurează pentru aceeaşi priză.

Deoarece sunt zone întinse fără semnal GSM, telefonul deschis permanent caută în continuu rețeaua și consumă bateria mult mai repede decât dacă ar sta în modul „avion".

Filmarea nu este permisă pe Muntele Athos, fotografierea interiorului bisericilor se face doar cu permisiunea monahilor.

* *Bani*

Procurați-vă bani mărunți, preferabil bancnote mai mici de 100 EUR pentru a putea da la pomelnice în locurile în care ajungeți să vă închinați.

Este de preferat să plătiți cu sume cât mai exacte pentru diverse produse de vânzare la pangarele mănăstirilor.

* *Scăldatul*

Chiar dacă Sfântul Munte este o peninsulă iar unele mănăstiri se află la malul mării, scăldatul este cu desăvârșire interzis.

* *Slujbele*

Participați la toate slujbele, închinați-vă la icoanele locului, iar în timpul liber citiți cărți duhovnicești. În definitiv pentru asta ați urcat pe Sfântul Munte.

Slujbele de dimineață pot începe în anumite lăcașuri foarte devreme. Pregătiți-vă să fiți trezit la ore cum ar fi 3:30AM.

* *Mâncarea*

În interiorul mănăstirilor nu se mănâncă carne (afară de pește și fructe de mare) și vă sfătuiesc să respectați această regulă întrucât puteți fi excluși din mănăstire dacă sunteți descoperiți că încălcați regulile.

Dacă nu rezistaţi fără să mâncaţi între orele la care se serveşte masa de două ori pe zi pe Sfântul Munte, luaţi-vă la voi ceva neperisabil (seminţe, alune, biscuiţi, covrigei, etc)

- *Obiecte de luat în pelerinaj*

- Pomelnic pentru cei vii şi cei răposaţi. Se pot face mai multe copii, pentru a da câte una părinţilor împreună cu o sumă de bani, după posibilităţi.

- Carte de rugăciuni și/sau acatistier (pentru momentele de liniște și rugăciune personală).

- Un carnet pentru notarea evenimentelor și a odoarelor văzute în diverse lăcașuri.

TROLER sau GEANTĂ?

Pentru cei care au optat pentru transport cu mijloace auto, iar bagajele vor sta în permanenţă în portbagaj (se vor lua seara când se ajunge la cazare) este recomandat un troler.

Ar fi util şi un rucsac mic care să fie ţinut permanent pentru ceea ce se cumpără de la pangare, pentru o haină de schimb şi/sau ceva de mâncare pentru fiecare zi.

Pentru cei care îşi propun să parcurgă pe jos distanţe lungi, este evident că singura variantă posibilă este rucsacul.

Este important să se înteleagă faptul ca în interiorul bisericilor nu se intră cu rucsacul sau cu altă geantă pe umăr. Orice bagaj se lasă la intrarea în biserică.

Nu vă faceţi griji! Veţi găsi totul aşa cum aţi lăsat, după ce terminaţi să vă rugaţi şi să vă închinaţi în interiorul bisericii.

MÂNCARE

În principiu, la mănăstiri sau la chilii acolo unde se rămâne peste noapte, se oferă mâncare de 2 ori pe zi: dimineaţa şi seara.

Mâncarea este de post, dar se poate să fie dezlegare la peşte.

Pe Sfântul Munte, fructele de mare sunt considerate ca fiind de post.

Spre exemplu, într-un an am primit la Schitul Lacu - ciorbă de legume cu paste, măr, biscuiţi, peşte prăjit, fasole, pâine; la Schitul Prodromu - peşte prăjit cu piure, iahnie de fasole cu calamar, sau paste cu sepie şi sos roşu.

Aş recomanda pentru cei care nu pot să reziste cu cele două mese pe zi sau au probleme cu anumite tipuri de mâncare să îşi ia alune/seminţe (~ 100 g/zi), covrigei/ grisine/biscuiţi (~ 150 g/zi).

Veţi fi surprinşi când veţi vedea că nu veţi simţi foamea sau dorinţa de a mânca cât sunteţi în Grădina Maicii Domnului!

APĂ

Nu este nevoie să vă îngreunaţi călătoria cu sticle pline de apă.

În fiecare mânăstire athonită veţi găsi izvoare sau fântâni cu apă de o calitate excepţională, perfectă pentru a vă potoli setea.

Aceste surse de apă, adesea săpate în stâncă, sunt nu doar apreciate pentru puritatea lor, dar şi venerate ca simboluri ale sfinţeniei. Conform tradiţiilor şi legendelor locale, multe dintre aceste fântâni miraculoase au apărut prin intervenția divină, și au o strânsă legatură cu de istoria și fondarea fiecărei mânăstiri în parte.

Pentru cei care sunt mai precauți și doresc asigurări suplimentare, este important să se știe că această apă izvorăște direct din adâncul muntelui, fiind pură și necontaminată.

În loc să aduceți sticle cu apă, vă recomand să veniți cu

recipiente goale, astfel încât să le puteți umple și aduceţi acasă apă binecuvântată din Sfântul Munte. Acest gest simbolic vă permite să păstrați o parte din experiența spirituală a pelerinajului, dar și să împărtășiți cu ceilalți o bucată din sfinţenia acestui loc.

În plus, pentru a înţelege mai bine de ce este de folos să luaţi acasă apă din Sfântul Munte, vă transmit ceea ce mi-a explicat un călugăr în timp ce îl aşteptam să îsi umple câteva bidoane cu apă de la fântâna mânăstirii pe care o vizitam.

El mi-a spus că apa de aici este considerată Aghiasmă în momentul când părăsești acest spaţiu sacru.

Acest loc, în care totul există datorită voinţei divine și prin grija Sfintei Fecioare Maria, Maica Domnului nostru Iisus Hristos, protectoarea și păstrătoarea acestor tărâmuri, este învăluit într-o prezenţă spirituală profundă.

Astfel, apa de aici capătă o semnificaţie specială, fiind nu doar o resursă naturală, ci și un simbol al binecuvântării și graţiei divine.

Este un mod prin care călugării îşi exprimă credinţa profundă și recunoştinţa faţă de aceste locuri sfinte, văzând în fiecare element al naturii o manifestare a dragostei lui Dumnezeu.

ACTUL DE IDENTITATE

Este obligatoriu ca fiecare pelerin să deţină asupra lui actul pe baza căruia s-a eliberat paşaportul (diamonitirionul) pentru a intra în Sfântul Munte.

TRUSA MEDICALĂ DE PRIM AJUTOR

1. Medicamente de uz extern

   * Pentru dezinfectarea rănilor;

   * Unguent pentru dureri musculare sau antiinflamatoare;

   * Pentru dezinfectarea mâinilor.

2. Medicamente de uz intern - aici fiecare pelerin îşi personalizează trusa cu medicamentele de care ştie că are nevoie.

Este indicat să fie medicamente pentru:

* Răceală

* Dureri de cap

* Diaree

* Indigestie

* Reacţii alergice

* Alte afecţiuni cunoscute

RECOMANDĂRI PUNCTUALE PENTRU GRUPURI NUMEROASE

Folosiţi permanent terminologia de adresare civilizată (inclusiv în interiorul grupului) şi mai ales când sunt alţi pelerini sau monahi în apropiere.

Apartenenţa la diferite organizaţii, asociaţii şi grupări ezoterice, nu este bine văzută pe Sfântul Munte, iar dacă există asemenea situaţii, este o problemă personală a fiecăruia, pe care trebuie să şi-o lămurească cu duhovnicul propriu, nu este o chestiune de grup sau care trebuie discutată în pelerinaj.

Legat de exprimarea în terminologia respectivă, este de preferat să se uite acest aspect în perioada Pelerinajului.

Chiar dacă veţi constata că pe anumite paliere, nivelul de discuţie este sub nivelul vostru, amintiţi-vă că nu mergeţi în Sfântul Munte ca să arătaţi că sunteţi mai „deştepţi", ci pentru alt scop.

Este recomandat ca în grupuri să se renunţe în perioada în care se stă pe Sfântul Munte, la glume, ironii şi alte insinuări care vor veni ca şi automatism în mod involuntar.

Dacă se merge cu microbuzul şi distanţa parcursă între două opriri poate fi ceva mai lungă, încercaţi să păstraţi liniştea, să vă concentraţi pe trăirea interioară, să citiţi, să rostiţi *„Rugăciunea Inimii"* sau chiar să dormiţi.

Puteţi să vă folosiţi căştile şi să ascultaţi în linişte ceva care vă relaxează sau vă conferă o stare de echilibru şi pace interioară.

Este esenţial în primul rând să respectaţi scopul pelerinajului şi să îi respectaţi pe cei din jur.

Nu este plăcut să se poarte discuţii legate de chestiuni care nu au nicio legătură cu trăirea spirituală de pe aceste

locuri sfinte, cum ar fi sport, politica, afaceri, etc.

Un mare scop al pelerinajului este ca fiecare să îşi înfrângă mândria, egoismul şi egoul.

Este necesar să se înţeleagă că „acolo" există un alt sistem de referinţă şi de evaluare a valorilor, total diferit de cel din care vin pelerinii conform vieţii sociale şi civile şi evident conform sistemului social la care se raportează.

Un exerciţiu ce poate fi acceptat este că, înţelegând existenţa unui alt sistem de referinţă şi de ierarhie a valorilor, fiecare pelerin poate fi ajutat astfel să realizeze că ceea ce a creat până acum în viaţă poate să nu conteze, dacă iese din cercul (lumea) în care trăieşte.

CUM TE ÎMBRACI ÎNTR-UN PELERINAJ PE MUNTELE ATHOS?

În general, îmbrăcămintea potrivită într-o mănăstire din România este potrivită și în Sfântul Munte.

Este necesar să se adopte o ținută sobră, care să nu lase părți ale trupului la vedere.

Sunt de evitat tricourile cu mânecă scurtă în interiorul mănăstirilor, chiar dacă vremea permite o astfel de îmbrăcăminte.

Sunt preferate hainele de culoare închisă.

Culorile stridente nu sunt potrivite pentru prezenţa în Sfântul Munte.

O regulă general valabilă este, ca şi în excursia la munte, să te îmbraci în straturi.

Indiferent ce haine ai îmbracat la plecare, **starea vremii se poate schimba de la un minut la altul.**

Este bine să fii întotdeauna pregătit pentru modificările

de relief (diferenţa de la munte la mare) şi pentru condiţiile atmosferice (vânt, ploaie, frig, soare).

ÎMBRĂCĂMINTEA

Ce trebuie să conţină echipamentul de bază?

În general, din echipamentul de bază fac parte:

- Primul strat - Îmbrăcămintea termică;

- Al doilea strat - Îmbrăcămintea izolantă;

- Al treilea strat - Îmbrăcămintea impermeabilă.

1. Primul strat - *Îmbrăcămintea termică*

Pentru partea superioară a corpului, în contact direct cu pielea, este indicată o îmbrăcăminte de corp (tricou, bluză, pantaloni) din materiale tehnice, cu acţiune termică, hidro absorbantă.

Aceasta menţine foarte bine temperatura corpului, lasă pielea să respire, se usucă repede şi nu reţine mirosurile.

Pentru siguranţa olfactivă a celor din jur, recomand un rând din această categorie de haine pentru fiecare zi.

Recomand să aveţi şi pungi cu fermoar pentru a putea pune hainele murdare în siguranţă şi fără pericolul de a transmite mirosul în exterior.

2. Al doilea strat - *Îmbrăcămintea izolantă*

Fără să intre în contact direct cu pielea, al doilea strat include o îmbrăcăminte lejeră, de densitate medie.

Are rolul să stocheze căldura şi totodată să faciliteze eliminarea transpiraţiei.

În alegerea ei, trebuie să ţii cont de aceleaşi criterii ca în cazul stratului interior.

3. Al treilea strat - *Îmbrăcămintea impermeabilă*

Este vorba despre ultimul strat, aflat în contact direct cu aerul.

Categoria include jachete cu strat protectiv împotriva ploii şi a vântului.

Acestea trebuie să fie capabile să disipeze umezeala acumulată în straturile inferioare. În acelaşi timp, trebuie să aibă o bună respirabilitate (să permită evaporarea transpiraţiei, evitând răcirea corpului) şi o acţiune impermeabilă (să împiedice pătrunderea vântului, ploii şi frigului).

Grosimea îmbrăcăminţii din acest strat se stabileşte cu 1-2 zile înainte de plecare în funcţie de prognoza meteo.

Pantalonii

Vă sfătuiesc să alegeţi pantaloni de trekking din fibre

tehnologice, care înlesnesc mişcările, au o permeabilitate excelentă şi permit uscarea rapidă.

Se poate opta pentru blugi sau alt tip de pantalon, dar trebuie să fie de culoare închisă.

Recomand 2 perechi.

DE CE SĂ EVIŢI ÎMBRĂCĂMINTEA DIN BUMBAC?

Fiind o fibră naturală cu proprietăţi hidrofile, bumbacul absoarbe apa şi o reţine, iar problema nu se limitează doar la nivelul apei absorbite.

Odată îmbibate cu umezeală, hainele de bumbac se usucă foarte greu. Şi în loc să menţină un climat favorabil la nivelul corpului, îl răcesc, temperatura percepută fiind cu câteva grade sub nivelul celei reale.

În concluzie, pentru alegerea hainelor potrivite pentru pelerinaj este important să se găsească calea de mijloc între confort, lejeritate şi siguranţă.

ÎNCĂLŢĂMINTEA

Încălţămintea este cea specifică pentru drumeţii.

Denumirea comercială = Pantofi trekking

Se poartă zilnic şi de aceea ar trebui să fie aleasă nu

numai după design, dar mai ales confortul oferit.

Nu există vreme nefavorabilă, există doar îmbrăcăminte și încălțăminte aleasă neadecvat.

Încălțămintea trebuie să fie adaptată sezonului, cu proprietăți precum rezistență la apă sau impermeabilitate, dar și cu o talpă mai groasă.

Poate fi din materiale sintetice respirabile, nailon sau din piele.

REGIMUL ALIMENTAR PE MUNTELE ATHOS

Alimentația pe Muntele Athos se caracterizează printr-un regim dietetic specific, adaptat stilului de viață monahal și principiilor ortodoxe.

Dieta se bazează pe simplitate și moderație, cu un accent puternic pe alimentele vegetale și pe posturile religioase.

Călugării athoniți consumă în principal legume, fructe, cereale și leguminoase, evitând carnea și alte produse de origine animală.

Mesele lor sunt pregătite conform tradițiilor culinare locale, folosind ingrediente proaspete, adesea cultivate chiar în grădinile mănăstirilor.

Abordarea alimentației nu doar că respectă învățăturile religioase, dar contribuie și la menținerea unei sănătăți fizice și spirituale robuste în comunitatea monahală.

Pe Muntele Athos, consumul de carne este complet exclus din dietă zilnică.

Călugării urmează un regim alimentar strict bazat pe post, cu o dietă predominant vegetală și lipsită de grăsimi.

Această abordare nutrițională este considerată unul dintre secretele vitalității și longevității monahilor athoniți, protejându-i împotriva multor boli și contribuind la menținerea unei stări generale de sănătate.

Dieta simplă și echilibrată este un pilon esențial al vieții monahale pe Sfântul Munte. Chiar în timpul sărbătorilor, cum este Paștele, nu se consuma carne. Se consuma pește.

Lunea, miercurea şi vinerea, pe parcursul întregului an, călugării din Athos ţin post, consumând mâncăruri fără ulei.

Bucătăria athonită se concentrează pe utilizarea legumelor, fructelor, leguminoaselor şi a resurselor marine disponibile în jurul peninsulei.

Aceasta reflectă o abordare echilibrată şi simplă a alimentaţiei, în armonie cu tradiţiile monahale şi cu mediul înconjurător.

ARHONDARICUL

Arhondaricul (din gr. ἀρχονδάρις archontariki) este clădirea sau ansamblul de chilii din mănăstirile ortodoxe destinate găzduirii oaspeților - străini și pelerini.

Ospitalitatea față de străini, o virtute profund încorporată în esența creștinismului, este adesea menționată de Mântuitorul Iisus Hristos în învățăturile Sale, cum este exemplul din Evanghelia după Ioan, capitolul 20.

Tradiția de a primi și onora oaspeții, indiferent de

originea lor, s-a transmis de-a lungul secolelor în rândul creștinilor, devenind o expresie autentică a iubirii creștine.

Inspirată direct din cuvintele lui Hristos, această practică este consolidată și de îndemnul Sfântului Apostol Pavel, așa cum este consemnat în Epistola către Evrei, capitolul 13, versetul 2: *„Să nu uitați de ospitalitate, căci, prin ea, unii fără să știe, au găzduit îngeri"*.

Principiul ospitalității ca serviciu divin este îmbrățișat cu fervoare în lumea monahală, în special în Sfântul Munte Athos. Această tradiție subliniază importanța primirii oaspeților cu generozitate, respectând capacitatea fiecărui așezământ. Aici, fiecare mănăstire, schit și chilie este dotată cu o construcție special destinată primirii pelerinilor denumită Arhondaric.

La sosirea pelerinilor, ei sunt întâmpinați cu căldură și ospitalitate de către arhondar, figura centrală în această ceremonie de primire. Pelerinii sunt conduși într-un spațiu special amenajat - fie că este vorba de un salon, un hol spațios sau un balcon - unde își pot odihni trupurile obosite de călătorie.

Primirea atentă și plină de respect este nu doar o manifestare a ospitalității, ci și o reflectare a învățăturilor creștine despre iubirea și respectul față de aproapele tău.

În sanctuarul pașnic al mănăstirilor athonite, arhondarul, gazda tradițională, îi întâmpină pe pelerini cu un *kerasma*, un gest de ospitalitate ce cuprinde apă rece, rahat cu arome de fructe, și un mic pahar de ouzo, băutura emblematică a Greciei.

Această primire, simplă dar profundă, este completată în unele mănăstiri cu oferirea de biscuiți sau fursecuri, acompaniate de ceai sau cafea, ca o continuare a tradiției de a întâmpina oaspeții cu generozitate.

Este un obicei apreciat ca grupul de pelerini să răspundă acestei primiri calde cu un gest similar, oferind la rândul lor produse asemănătoare celor primite. Aceasta nu doar consolidează legătura dintre oaspeți și gazde, dar reflectă și un schimb reciproc de respect și apreciere.

După aceste momente de ospitalitate și odihnă, pelerinii sunt încurajați să exploreze mănăstirea, un tur care ar trebui să includă neapărat o vizită la pangar, magazinul mănăstirii. Aici, pelerinii au oportunitatea de a achiziționa produse specifice locului, fie că sunt obiecte religioase,

cărți, sau produse alimentare tradiționale.

Este de asemenea un moment propice pentru a lăsa pomelnice, rugăciuni scrise pentru cei dragi, un gest profund înrădăcinat în tradiția creștină ortodoxă, simbolizând credința și speranța în puterea rugăciunii comunității monahale.

PELERIN SAU ÎNCHINĂTOR

Un pelerin, originar din termenul latin „*peregrinus*", reprezintă un călător, adesea venit de la distanțe considerabile, care își propune să ajungă la un loc sacru sau sfânt.

Conform dicționarului explicativ al limbii române, un pelerin este definit ca o persoană care participă la un pelerinaj, iar pelerinajul este descris ca o călătorie întreprinsă de credincioși spre un loc venerat sau sacru.

Tradițional, pelerinajul implică o călătorie fizică, adesea pe jos, către un loc cu semnificații profunde în contextul unui anumit sistem de credințe religioase.

Această călătorie este mai mult decât un simplu act de deplasare fizică; ea reprezintă o căutare spirituală, o călătorie interioară către autocunoaștere și iluminare spirituală.

Pelerinajul poate fi, de asemenea, un act de penitență, de căutare a iertării, sau un gest de profundă devoțiune și credință.

În multe religii și tradiții spirituale, pelerinajul este

văzut ca un drum spre aprofundarea conexiunii cu divinul, un moment de reflecție și reînnoire spirituală.

Pelerinii pot căuta vindecare, răspunsuri la întrebări existențiale, sau pot dori să își exprime recunoștința și venerația față de entitatea sau forța spirituală pe care o venerează.

Astfel, pelerinajul devine un moment de intensă

experiență personală și spirituală, marcând adesea un punct de cotitură în viața unui individ.

În contextul spiritual al creștinismului, literatura de profil adesea interpretează ideea de pelerin și pelerinaj ca fiind metafora experienței umane în lume, percepută ca o perioadă de exil sau de călătorie temporară.

Conceptul este folosit pentru a descrie călătoria interioară

a unui aspirant spiritual, care se deplasează de la o stare inițială de suferință sau lipsă spirituală, către o stare de beatitudine și împlinire spirituală.

În această viziune, viața fiecărei persoane este văzută ca un pelerinaj simbolic, în care fiecare individ călătorește prin lumea materială, în căutarea adevărului spiritual și a unei conexiuni mai profunde cu divinul.

Această călătorie nu este doar fizică, ci mai ales una spirituală și emoțională, implicând creștere personală, transformare interioară și maturizare spirituală.

Astfel, în creștinism, pelerinajul devine o călătorie de autodescoperire și de apropiere de Dumnezeu, o tranziție de la condiția umană limitată la o stare de conștientizare spirituală și unitate cu divinul. Aceasta implică depășirea obstacolelor interioare, lupta cu ispitele și tentațiile lumii materiale și atingerea unei stări de pace și bucurie într-un context spiritual.

Pentru credincioșii greci ortodocși, termenul de pelerin este înțeles ca „*proschinitis*" (προσκυνητής), care se referă la închinător sau adorator, adică acea persoană care vine să se închine în semn de venerație și respect profund.

Termenul derivă din verbul grecesc „*proskineo*" (προσκυνέω), care înseamnă a se prosterna sau a se închina în fața unei divinități.

De la această bază se dezvoltă cuvintele „*proskinisis*"

(προσκύνησις), care denotă actul închinării sau prosternării, și *„proskinima”* (προσκύνημα), care se referă la pelerinaj.

În cultura și tradiția românească, conceptul de pelerin este asociat, de asemenea, cu închinătorul.

Termenul „a se închina” în limba română provine din latinescul *„inclinare”*, care semnifică actul de a înclina, a apleca sau a coborî capul, privirea sau genunchii în semn de respect sau venerație spirituală.

Acest act de umilință și devotament reflectă profunda reverență și respectul față de sacru, un element central în practica pelerinajului.

Astfel, atât în cultura greacă, cât și în cea română, pelerinajul este mult mai mult decât o simplă călătorie fizică către un loc sfânt; este o călătorie spirituală care implică acte de adorare și prosternare, exprimând o căutare profundă și personală a divinului.

Prin aceste practici, pelerinii își exprimă nu doar credința, ci și dorința de a se apropia de Dumnezeu, de a se conecta la sursa spiritualității și de a trăi o experiență transformatoare.

Închinarea nu este guvernată de un set rigid de reguli sau de un model specific, conform învățăturilor Bibliei.

Motivul pentru aceasta este că închinarea reprezintă o expresie profundă și personală a inimii umane în relația cu Dumnezeu.

Aceasta poate lua forme variate, pentru că fiecare persoană se conectează cu divinitatea într-un mod unic, care nu poate fi încadrat sau limitat la o anumită formă sau practică.

Inima închinării este o relație intimă și personală cu Dumnezeu, care transcende formalitățile exterioare.

Închinarea adevărată vine din adâncul ființei și se

manifestă în diverse moduri, fie că este vorba de cântări, rugăciuni, meditație, studiul Scripturilor sau chiar tăcere contemplativă.

Aceasta poate fi atât o exprimare vibrantă de bucurie și recunoștință, cât și un moment profund de reflecție și cumințenie.

Prin urmare, închinarea nu este atât despre formă, cât despre inimă.

Este despre sinceritatea și autenticitatea cu care ne apropiem de Dumnezeu, exprimându-ne dragostea, recunoștința, dorințele și nevoile noastre.

În acest fel, închinarea devine un dialog continuu și o călătorie personală de apropiere de Dumnezeu, care transformă și îmbogățește sufletul închinătorului.

Domnul Iisus Hristos a spus (în Ioan 4:23) că:

„închinătorii adevărați se vor închina Tatălui în duh și în adevăr; fiindcă astfel de închinători dorește și Tatăl".

În esența creației noastre, Dumnezeu ne-a conceput cu un scop unic și profund: acela de a ne închina Lui.

Este o perspectivă interesantă de luat în considerare: dintre toate lucrurile pe care Dumnezeu le poate face, închinarea este ceva ce El însuși nu poate realiza pentru Sine.

Prin urmare, ne-a înzestrat cu această capacitate specială

şi cu libertatea de a alege să ne închinăm.

Chemarea la închinare nu este doar o formă de adorație sau o obligație religioasă; este o invitație la o relație profundă şi personală cu Creatorul.

Închinarea este modul prin care noi, ca făpturi create, putem recunoaşte şi răspunde iubirii, măreției şi suveranității lui Dumnezeu.

Este un act de recunoaştere a dependenței noastre de El şi de bunătatea Sa infinită.

Prin urmare, închinarea devine o expresie a identității noastre cele mai profunde şi a scopului nostru în viață. Este un mod de a-L onora pe Dumnezeu, de a-I exprima gratitudinea şi admirația noastră pentru tot ceea ce El este şi face.

În acest proces, ne descoperim propria valoare şi locul nostru în planul divin, găsind adevărata împlinire şi sens în viață.

Conversația dintre Iisus Hristos şi femeia samariteancă, aşa cum este relatată în Scripturi, aduce în discuție esența adevăratei închinări.

Femeia samariteancă avea o concepție tradițională despre locul închinării, crezând că acesta trebuie să fie pe muntele Garizim, locul sacru al samaritenilor.

Pe de altă parte, iudeii considerau că adevărata închinare

trebuie să se desfășoare în Templul din Ierusalim.

Însă Iisus Hristos, în calitatea Sa de Fiu al lui Dumnezeu, a adus o nouă perspectivă, afirmând că adevărata închinare transcende locurile și tradițiile specifice.

Iisus a subliniat că închinarea adevărată nu este legată de un loc fizic sau de respectarea unor ritualuri în anumite zile ale săptămânii.

În schimb, El a arătat că adevărata închinare vine din inimă și este bazată pe spirit și adevăr.

Aceasta înseamnă că fiecare credincios poate să se închine lui Dumnezeu în orice moment și loc, pentru că Dumnezeu îi caută pe cei care se închină în spirit și adevăr.

Prin urmare, ca un copil al lui Dumnezeu, fiecare credincios este chemat să fie un închinător autentic, indiferent de circumstanțe sau locație.

Să trăiești o viață de închinare continuă înseamnă să exprimi dragoste, recunoștință și adorație pentru Dumnezeu în toate aspectele vieții de zi cu zi.

Închinarea devine un mod de viață, o expresie constantă a relației personale cu Dumnezeu, care reflectă credința și devotamentul autentic al inimii.

„Închinătorii adevărați se vor închina Tatălui în duh și în adevăr..." (Ioan 4:23)

Cei care călătoresc spre Muntele Athos pot descrie această experiență drept un pelerinaj, în sensul că sunt călători care se îndreaptă spre un loc de profundă semnificație spirituală pentru creștinii ortodocși.

Muntele Athos, cu mănăstirile și viața monahală care îl caracterizează, este un centru spiritual important, un loc sacru care atrage credincioși din întreaga lume.

Odată ajunși în această zonă sacrosanctă, pelerinii își

asumă rolul de închinători, conform terminologiei grecești.

În acest context, termenul de „închinător" capătă un sens profund, referindu-se nu doar la actul fizic de a vizita un loc sacru, ci și la o stare interioară de adorare și reverență.

Aici, închinarea se transformă într-o expresie personală și profundă a credinței, un dialog intim cu divinul.

Pe Sfântul Munte, pelerinajul și închinarea se împletesc,

transformând fiecare pas pe acest pământ sacru într-o călătorie spirituală interioară.

În acest sens, fiecare moment petrecut în Sfântul Munte Athos devine o oportunitate de a se conecta mai profund cu credința, de a se lăsa inspirat și transformat de spiritualitatea locului.

Astfel, pelerinii devin parte a unei tradiții milenare de căutare și găsire a lui Dumnezeu în inima Ortodoxiei.

HRAMURI ATHONITE

Fiecare biserică ortodoxă este dedicată unei sărbători a Maicii Domnului, unui sfânt sau unui Praznic Împărătesc, cunoscute sub numele de *hram*.

Numele sfânt este conferit bisericii în două momente cruciale: inițial, la sfințirea locului pe care urmează să fie construită și, ulterior, la momentul târnosirii, sau sfințirii bisericii propriu-zise de către un episcop sau arhiereu.

Procedura este similară cu tradiția creștină de a primi un nume de sfânt la botez, simbolizând protecția și patronajul acelui sfânt asupra bisericii.

Hramul reprezintă nu doar numele, ci și cea mai importantă sărbătoare a bisericii, care este închinată cu mare strălucire și solemnitate.

De asemenea, este ceva obișnuit ca bisericile să aibă un hram principal și unul secundar, fiecare cu semnificația sa spirituală unică.

În demersul meu de a aduna informații despre hramurile Sfintelor Mănăstiri din Sfântul Munte Athos, mi-am dat seama că diversitatea și bogăția spirituală a acestor locuri sfinte este de-a dreptul impresionantă.

Având în vedere numeroasele Icoane Facătoare de Minuni și Sfinte Moaște ce își găsesc adăpost în aceste mănăstiri, este posibil ca lista mea să nu fie exhaustivă.

Cu toate acestea, intenția mea a fost să creez un ghid util pentru orice pelerin sau curios care dorește să cunoască mai multe despre zilele speciale de sărbătoare ale fiecărei

mănăstiri din Sfântul Munte Athos.

Consider această listă ca un punct de pornire pentru toți cei interesați de profunzimea tradițiilor și a patrimoniului spiritual unic al acestui loc binecuvântat.

IANUARIE

- 6/19 + SFÂNTA ȘI DUMNEZEIASCA ARĂTARE A DOMNULUI IISUS HRISTOS

  Schitul românesc Prodromu care aparține de Mănăstirea Marea Lavră

  Mănăstirea Iviru

- 14/27 + SFÂNTUL SAVA (Arhiepiscopul Serbiei)

  Mănăstirea Hilandar

FEBRUARIE

- 2/15 + ÎNTÂMPINAREA DOMNULUI

  Mănăstirea Sfântul Pavel

- 13/26 + SFÂNTUL SIMEON IZVORÂTORUL DE MIR

  Mănăstirea Hilandar

MARTIE

- 13/26 + SFINȚII 40 DE MUCENICI

  Mănăstirea Xiropotamu

- 25/7 + BUNA VESTIRE A MAICII DOMNULUI

  Mănăstirea Marea Lavră, Mănăstirea Vatopedu, Mănăstirea Filoteu

APRILIE

- 20/3 + ICOANA PREASFINTEI NĂSCĂTOARE DE DUMNEZEU „Portaitissa" (Portărița)

  Mănăstirea Iviru

- 23/6 + SFÂNTUL MUCENIC GHEORGHE

  Mănăstirea Zografu, Mănăstirea Xenofont, Mănăstirea Sfântul Pavel

MAI

- 13/26 + SFÂNTUL EFTIMIE și cei împreună cu dânsul cuvioși iviriți

  Mănăstirea Iviru

- 21/3 + SFINȚII CONSTANTIN ȘI ELENA

  Mănăstirea Constamonitu

- ÎNĂLȚAREA (la 40 de zile după Învierea Domnului)

  Mănăstirea Esfigmenu

IUNIE

- 11/24 + ICOANA PREASFINTEI NĂSCĂTOARE DE DUMNEZEU

  „Axion Estin" Protaton

- 20/3 + SFINȚI PĂRINȚI AGHIORIȚI

  Protaton

- 24/7 + NAŞTEREA CINSTITULUI ÎNAINTEMERGĂTOR

  Mănăstirea Dionisiu

- 29/12 + SFINȚII PETRU ŞI PAVEL

  Mănăstirea Caracalu

IULIE

- 5/18 + SFÂNTUL ATANASIE ATHONITUL

  Mănăstirea Marea Lavră

- 10/23 + ZIUA TUTUROR SFINȚILOR VATOPEDINI

  Mănăstirea Vatopedu

- 12/25 + ICOANA MAICII DOMNULUI PRODROMIȚA
  (Înaintemergătoarea)

  Schitul Prodromu care aparține de Mănăstirea Marea Lavră

- 12/25 + ICOANA PREASFINTEI NĂSCĂTOARE DE
  DUMNEZEU „TRIHERUSA"

  Mănăstirea Hilandar

- 22/4 + SFÂNTA MARIA MAGDALENA

  Mănăstirea Simonos Petras

- 25/7 + ZIUA TUTUROR SFINȚILOR LAVRIOȚI

  Mănăstirea Marea Lavră

- 27/9 + SFÂNTUL MARE MUCENIC PANTELIMON

Mănăstirea Sfântul Pantelimon, Mănăstirea Cutlumuş

- 28/10 + SFÂNTUL PAVEL XIROPOTAMITUL

  Mănăstirea Sfântul Pavel

AUGUST

- 6/19 + SCHIMBAREA LA FAŢĂ A MÂNTUITORULUI

  Mănăstirea Cutlumuş, Mănăstirea Pantocrator

- 11/24 + SFÂNTUL NIFON Patriarhul Constantinopolului

  Mănăstirea Dionisiu

- 15/28 + ADORMIREA MAICII DOMNULUI

  Mănăstirea Iviru, Protaton

- 24/6 + SFÂNTUL COSMA ETOLIANUL

  Mănăstirea Filoteu

- 31/13 + SFÂNTUL BRÂU AL MAICII DOMNULUI

  Mănăstirea Vatopedu

SEPTEMBRIE

- 8/21 + NAŞTEREA MAICII DOMNULUI
  Mănăstirea Sfântul Pavel

- 14/27 + ÎNĂLŢAREA SFINTEI CRUCI

  Mănăstirea Xiropotamu

- 1/14 + SFÂNTUL IOAN CUCUZEL

  Mănăstirea Marea Lavră

- SFÂNTUL ACOPERĂMÂNT

  Mănăstirea Sfântul Pantelimon

- ICOANA PREASFINTEI NĂSCĂTOARE DE DUMNEZEU „Grabnic Ascultătoarea"

  Mănăstirea Dohiariu

- 3/16 + ICOANA PREASFINTEI NĂSCĂTOARE DE DUMNEZEU „Odighitria" (Îndrumătoarea)

  Mănăstirea Xenofont

- 5/18 + SFÂNTUL EVDOCHIM VATOPEDINUL

  Mănăstirea Vatopedu

- 20/2 + SFÂNTUL GHERASIM DIN KEFALONIA

  Mănăstirea Sfântul Pavel

- 26/8 + SFÂNTUL DIMITRIE IZVORÂTORUL DE MIR

  Schitul Lacu ce aparţine de Mănăstirea Sfântul Pavel

- 29/11 + SFÂNTA ANASTASIA ROMANA

  Mănăstirea Grigoriu

- 3/16 + AŞEZAREA MOAŞTELOR SFÂNTULUI MARE MUCENIC GHEORGHE

Mănăstirea Xenofont

- 8/21 + SOBORUL SFINŢILOR ARHANGHELI MIHAIL ŞI GAVRIIL

  Mănăstirea Dohiariu

- 21/4 + INTRAREA ÎN BISERICĂ A MAICII DOMNULUI

  Mănăstirea Hilandar

DECEMBRIE

- 6/19 + SFÂNTUL NICOLAE AL MIRELOR LICHIEI, FĂCĂTORUL DE MINUNI

  Mănăstirea Stavronikita, Mănăstirea Grigoriu

- 25/7 + NAŞTEREA DOMNULUI

  Mănăstirea Simonos Petras

- 27/9 + ÎNTÂIUL MUCENIC ŞTEFAN

  Mănăstirea Constamonitu

- 28/10 + SFÂNTUL SIMON IZVORÂTORUL DE MIR

  Mănăstirea Simonos Petras

SUMAR
MÂNĂSTIRI DIN SFÂNTUL MUNTE

Nr. **1**/20

Mânăstirea Marea Lavră (greacă: Μεγίστης Λαύρας)

- Fondată în 963
- Fondatori: călugărul Athanasie Athonitul
- Cu Hramul: Adormirea lui Athanasie Athonitul
- Zi festivă: 5 Iulie

Nr. **2**/20

Mănăstirea Vatopedu (greacă: Βατοπαιδίου)

- Fondată în 379-395 (conform legendei); 972 (dovezi istorice)
- Fondatori: Împăratul Theodosie (conform legendei); Călugării Athanasios, Nikolaos şi Antonios
- Cu Hramul: Buna Vestire a Maicii Domnului
- Zi festivă: 25 Martie

Nr. 3/20

Mănăstirea Iviru (greacă: Ιβήρων)

- Fondată în 980
- Fondatori: Ioannis Ivireanul şi Ioannis Tornikios
- Cu Hramul: Adormirea Maicii Domnului
- Zi festivă: 15 August

Nr. **4**/20

Mănăstirea Hilandaru (greacă: Χιλανδαρίου)

* Fondată în 1195
* Fondatori: sfinţii Simeon şi Sava ai Serbiei
* Cu Hramul: Intrarea în biserică a Maicii Domnului
* Zi festivă: 21 noiembrie

Nr. **5**/20

Mănăstirea Dionisiu (greacă: Διονυσίου)

- Fondată în 1370-1374
- Fondatori: Sfântul Dionisie
- Cu Hramul: Naşterea Sf. Ioan Botezătorul
- Zi festivă: 24 iunie

Nr. **6**/20

Mănăstirea Cutlumuș (greacă: Κουτλουμουσίου)

* Fondată în sec. X
* Fondatori: călugărul Calist Cotlomuseanu
* Cu Hramul: Schimbarea la faţă a Domnului Iisus Hristos
* Zi festivă: 6 August

Nr. 7/20

Mănăstirea Pantocrator (greacă: Παντοκράτορος)

- Fondată în sec. XI-XII
- Fondatori: călugării Alexios şi Ioannis
- Cu Hramul: Schimbarea la faţă a Domnului Iisus Hristos
- Zi festivă: 6 August

Nr. **8**/20

Mănăstirea Xiropotamu (greacă: Ξηροποτάμου)

- Fondată în sec. V (conform legendei); Sec. X (dovezi istorice)
- Fondatori: Împărăteasa Pulcheria, Călugărul Pavlos Xeropotaminos
- Cu Hramul: Celor 40 de Sfinți Martiri
- Zi festivă: 9 martie

Nr. **9**/20

Mănăstirea Zografu (greacă: Ζωγράφου)

- Fondată în sec. X
- Fondatori: Călugării Moise, Aaron şi Ioan
- Cu Hramul: Sfântul Gheorghe
- Zi festivă: 23 Aprilie

Mănăstirea Dohiariu (greacă: Δοχειαρίου)

- Fondată în 1044
- Fondatori: Sfântul Eufimie
- Cu Hramul: Arhanghelii Mihai şi Gavril
- Zi festivă: 8 Noiembrie

Nr. **11**/20

Mănăstirea Caracalu (greacă: Καρακάλλου)

- Fondată în 211-217 (conform legendei); Sec. X (dovezi istorice)
- Fondatori: Împăratul roman Marcus Aurelius Antoninus (Caracalla); Călugărul Nikolaos Karakalos
- Cu Hramul: Apostolii Petre şi Pavel
- Zi festivă: 29 iunie

Nr. **12**/20

Mănăstirea Filoteu (greacă: Φιλοθέου)

- Fondată în 982
- Fondatori: Sfântul Filotheos
- Cu Hramul: Buna Vestire a Maicii Domnului
- Zi festivă: 25 Martie

Nr. **13**/20

Mănăstirea Simonos Petras (greacă: Σίμωνος Πέτρας)

- Fondată în sec. XIII
- Fondatori: Sfântul Simon
- Cu Hramul: Naşterea Domnului
- Zi festivă: 25 Decembrie

Nr. **14**/20

Mănăstirea Sfântul Pavel (greacă: Αγίου Παύλου)

- Fondată în sec. VIII
- Fondatori: Sfântul Pavel
- Cu Hramul: Întâmpinarea Domnului Iisus Hristos
- Zi festivă: 2 Februarie

Nr. **15**/20

Mănăstirea Stavronikita (greacă: Σταυρονικήτα)

- Fondată în 1006 - 1009 (conform legendei); Sec. XII (dovezi istorice)
- Fondatori: Cuviosul Nichita, un sculptor de cruci; (Stavronikita = crucea lui Nikita); Patriarhul Ieremia I al Constantinopolului (dovezi istorice)
- Cu Hramul: Sfântul Ierarh Nicolae
- Zi festivă: 6 Decembrie

Nr. **16**/20

Mănăstirea Xenofont (greacă: Ξενοφώντος)

- Fondată în 998
- Fondatori: Sfântul Xenofon
- Cu Hramul: Sfântul Mare Mucenic Gheorghe, Purtătorul de biruință
- Zi festivă: 23 Aprilie

Nr. **17**/20

Mănăstirea Grigoriu (greacă: Γρηγορίου)

- Fondată în 1310
- Fondatori: Sfântul Grigorie Sinaitul
- Cu Hramul: Sfântul Ierarh Nicolae
- Zi festivă: 6 Decembrie

Nr. **18**/20

Mănăstirea Esfigmenu (greacă: Εσφιγμένου)

- Fondată în 445 (tradiţie); Sec. X-XI (dovezi istorice)
- Fondatori: Împăratul Teodosie al II-lea, cu sora sa Pulcheria; Călugări de la alte Mânăstiri din Muntele Athos (dovezi istorice)
- Cu Hramul: Înălţarea Domnului Iisus Hristos
- Zi festivă: 40 zile după Paşte

Mănăstirea Sfântul Pantelimon (greacă: Αγίου Παντελεήμονος)

- Fondată în sec. XI
- Fondatori: Călugări ruşi
- Cu Hramul: Sfântul Mare Mucenic şi Vindecător Panteleimon
- Zi festivă: 27 iulie

Nr. **20**/20

Mănăstirea Constamonitu (greacă: Κωνσταμονίτου)

- Fondată în: sec. IV (conform legendei); Sec. XI (dovezi istorice)
- Fondatori: Constantin Cel Mare (confirm legendei); Călugărul Kastamonu Paflagonia (dovezi istorice)
- Cu Hramul: Sfântul Apostol, Întâiul Mucenic și Arhidiacon Ștefan
- Zi festivă: 27 decembrie

CUPRINS

Sfântul Munte ATHOS – Istorie şi Tradiţie

este prima carte din seria dedicată Sfântului Munte Athos care este realizată într-o formă mai tehnică, mai aproape de viaţa laică. Vreau să precizez că laicul este un creştin care nu aparţine clerului, dar care aparţine şi el lui Hristos.

Vor urma încă două volume dedicate celor 20 de Mănăstiri şi celor 14 Schituri.

În următoarele volume, păstrând aceeaşi abordare, vor fi detaliate informaţiile despre fiecare Mănăstire sau Schit într-o manieră tehnică şi istorică.

Se vor detalia toate aspectele punctuale ce este necesar să fie cunoscute, în aşa fel încât pelerinii care intră în aceste locaşe de cult să se închine, să se poată dedica astfel deschiderii spirituale şi să urmeze calea credinţei, fără a se mai încurca în aspecte ce ţin de viaţa laică.

Dorinţa subconştientă de a te pierde în detalii neesenţiale ce pot fi obţinute cu uşurinţă din cărţi ca cele ce vor urma, poate fi astfel eliminată şi fiecare clipă petrecută în Sfântul Munte să poată fi folosită cum se cuvine pentru închinare, rugăciune şi deschidere spirituală către Dumnezeu cel Adevărat, Maica Domnului şi Mântuitorul Iisus Hristos.

Viitoarele volume dedicate Mănăstirilor şi Schiturilor din Sfântul Munte vor completa un set minim de informaţii pentru orice Creştin Ortodox care doreşte să înţeleagă mai bine ce este şi ce se întâmpla în Grădina Maicii Domnului.

www.luxmundi.ro   **editura@luxmundi.ro**